상위 1%의 공부 비법
초등학생을 위한 노트 필기 자습서

책다락

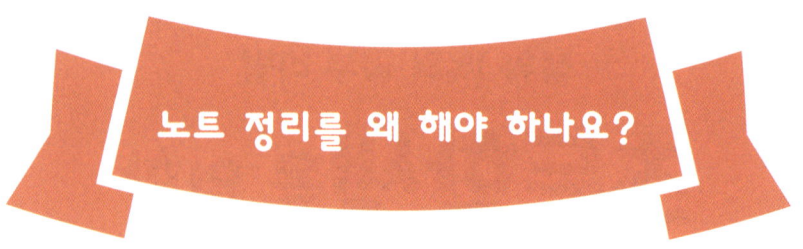

노트 정리를 왜 해야 하나요?

내일은 다양한 씨앗을 관찰할 거예요.
집에서 사과, 딸기, 오이, 단호박 같은 씨 있는 과일이나 채소를 가져오세요.
씨앗을 쉽게 볼 수 있도록 잘라서 가져오면 더 좋아요!

적으려니 귀찮네.
걍 외우자.
사딸오단!
좋아!

그 날 저녁...

엇, 내일 준비물이 뭐였지?
사딸라...오다리...뭐 이런 거였는데?
기적이에게 물어봐야겠다;;

깨톡
깨톡

기적아, 내일 준비물 뭐야?

선생님께서 말씀하실 때 뭐했냐;;;

에이, 친구야~ 그러지말고~ 좀 알려주라~

으이그.. 이거 보고 잘 준비해와.

깨톡
깨톡

〈내일 준비물〉

* 씨 있는 과일, 야채
  예) 사과, 딸기, 오이, 단호박 등

  → 잘라오면 좋음

> 우와, 기적아!
> 무엇을 어떻게 준비해야 할지 한눈에 딱 보이네!
> 정말 고마워!

● ● ● ● ● ● ● ●

친구들, 오늘 내가 겪은 일 봤어?

나는 `사딸오단`만 외우면 될 줄 알았지.
근데 사딸~밖에 기억이 안 나서 당황했잖아!
게다가 `사딸오단`이 씨가 있는 과일과 야채의 예시였다니...
하마터면 준비물을 제대로 못 가져올 뻔했어.

오늘 기적이 덕분에 한 가지 결심한 게 있어!
<u>나 이제부터 노트 필기 연습을 할 거야!</u>

기적이가 정리한 필기를 보니까
뭘 어떻게 준비해야 할지 한눈에 알겠더라고.
==필기는 정보를 머릿속에 깔끔하게 정리하는 데 정말 도움이 되는 것 같아!==

친구들도 나랑 같이 필기하는 방법을 공부해보자!
기적이가 우리를 도와줄 거래!
<u>그럼 15일 동안 같이 힘내보자!</u>

♥ 기필이와 기적이가

여러분, 이제부터 15일 동안 우리 함께 열심히 공부해봐요.
매일 조금씩 꾸준히 하다 보면, 어느새 이 곳이 가득 차 있을 거예요!
15일 뒤에 "내가 정말 해냈구나!" 하고 기뻐할 그날을 기대하며,
우리 모두 화이팅!

이렇게 공부하세요

이 교재는 자신만의 노트 정리 방법을 찾을 수 있도록 구성되었습니다. 각 단원에서는 필기할 때 중요한 개념을 설명하고, 실제 예시와 연습 문제도 함께 제공합니다.

노트 정리 방법과 유용한 팁을 배워요!

기필이의 노트를 보면서 방금 배운 내용을 어떻게 적용할 수 있는지 감을 잡아봅시다.

여러 필기 방법을 시도해보며 자신에게 가장 잘 맞는 노트 정리법을 찾아보고, 스스로 공부하는 즐거움도 느껴보세요!

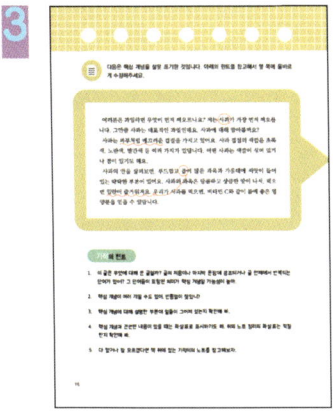

힌트를 활용해 잘못된 노트를 수정하면서, 방금 배운 방법과 팁을 익혀보세요.

지금까지 배운 내용을 바탕으로 실전 연습 문제를 풀며, 노트 정리법을 완벽하게 익혀보세요.

목 차

첫 번째 단계 내용 파악하기

1. 핵심 개념 찾기 12
2. 개념의 크기 20
3. 중심 문장 찾기 28
4. 단어로 요약하기 36
5. 종합연습 42

두 번째 단계 노트 정리의 기본

6. 정보의 구조 잡기 48
7. 체계적으로 정리하기 60
8. 줄 바꿈과 들여쓰기 68
9. 종합연습 76

세 번째 단계 **효과적인 정리 방법**

10. 순서, 원인과 결과 82
11. 공통점과 차이점 90
12. 분류하기 96

네 번째 단계 **레벨업 꿀팁**

13. 색을 사용하자 108
14. 그림을 활용하자 116
15. 포스트잇을 활용하자 124

참 고 **기적이의 노트 필기** 130

첫 번째 단계
내용 파악하기
무엇을 적어야 할까

1. 핵심 개념 찾기
2. 개념의 크기
3. 중심 문장 찾기
4. 단어로 요약하기
5. 종합연습

1 핵심 개념 찾기

 다음의 글을 읽고 핵심 개념을 찾아보세요.

5월 4일 금요일 날씨 흐렸다 맑음

우리집 고양이 이름은 '냥돌이'이다. 냥돌이는 정말 호기심이 많다. 학원에 다녀왔는데 온 집안이 난리가 났다. 엄마에게 물어보니 냥돌이가 없어졌다고 했다. 나는 울면서 냥돌이를 찾았다. 그런데 어디선가 냥돌이의 울음소리가 들렸다. 냥돌이는 누나의 옷장 서랍 속에 들어가 있었다. 냥돌이는 누나의 옷장 서랍 속이 궁금했던 모양이다. 하아..한냥돌..

기적의 레슨

핵심 개념이란?

핵심 개념은 '정말 중요한 의미'라고 생각하면 이해하기 쉬워. 이 개념 하나로 글의 주제나 중요한 내용을 표현할 수 있기 때문이지. 핵심 개념은 글을 읽는 사람에게 방향을 제시하는 나침반과 같아서, 글에서 이야기하는 메시지와 정보를 쉽고 빠르게 파악할 수 있어.

따라서 핵심 개념을 찾고 싶다면, 글에서 자주 반복되거나 첫 문장과 마지막 문장에 나오는 단어에 주목해봐. 그 단어들이 포함된 의미가 핵심 개념일 가능성이 높아.

알았다!
이 글의 핵심 개념은 '냥돌이'야!

맞았어! 그런데 조금만 더 생각해볼까?
이 글은 냥돌이의 어떤 면에 대해 이야기 하고 있는 것 같니?

냥돌이의…호기심이 많다는 면?

그렇지!
기필이 너, 금방 깨우치는구나!

이 글의 핵심 개념은 '냥돌이'와 '호기심'이라구!

기적의 레슨

노트 정리하는데 핵심 개념을 왜 알아야 해?

노트 정리를 할 때는 중요한 정보를 적어야 해. 핵심 개념은 말 그대로 중요한 정보들이기 때문에 노트에 꼭 적어야 할 내용들이야.

글을 다 읽었는데 핵심 개념이 무엇인지 모른다면 글의 내용을 제대로 이해하지 못했을 가능성이 커. 이럴 때는 몇 번이고 천천히 반복해서 읽어봐.

지금은 핵심 개념을 찾아서 글에 표시하는 것부터 배워보자.

기적의 꿀팁 글을 읽으면서 핵심 개념에 동그라미를 그려봐.
이 글이 무엇에 대해 말하고 있는지를 한 눈에 알 수 있어.

 만약 핵심 개념에 대해 설명하는 부분이 있다면 밑줄을 긋거나 형광펜으로 색을 칠해봐.

 핵심 개념과 관련된 내용이 있을 경우 화살표로 표시를 해봐. 한 눈에 정보의 흐름을 파악할 수 있어서 참 편리해.

다음의 글을 읽고 핵심 개념을 찾아보세요.

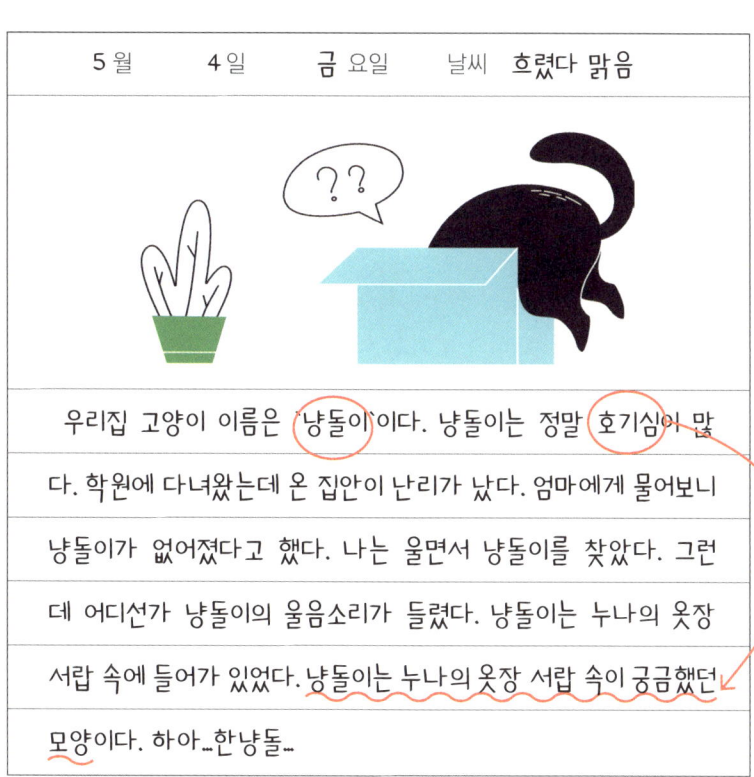

 엣헴! 나는 이렇게 노트 정리를 해보았어.

다음은 핵심 개념을 잘못 표기한 것입니다. 아래의 힌트를 참고해서 옆 쪽에 올바르게 수정해주세요.

> 여러분은 과일하면 무엇이 먼저 떠오르나요? 저는 사과가 가장 먼저 떠오릅니다. 그만큼 사과는 대표적인 과일인데요. 사과에 대해 알아볼까요?
> 사과는 피부처럼 매끄러운 껍질을 가지고 있어요. 사과 껍질의 색깔은 초록색, 노란색, 빨간색 등 여러 가지가 있답니다. 어떤 사과는 색깔이 섞여 있거나 점이 있기도 해요.
> 사과의 안을 살펴보면, 부드럽고 즙이 많은 과육과 가운데에 씨앗이 들어있는 딱딱한 부분이 있어요. 사과의 과육은 달콤하고 상큼한 맛이 나서, 먹으면 입안이 즐거워져요. 우리가 사과를 먹으면, 비타민 C와 같이 몸에 좋은 영양분을 얻을 수 있답니다.

기적의 힌트

1. 이 글은 무엇에 대해 쓴 글일까? 글의 처음이나 마지막 문장에서 강조되거나 글 전체에서 반복되는 단어가 있을까? 그 단어들이 포함된 의미가 핵심 개념일 가능성이 높아.

2. 핵심 개념이 여러 개일 수도 있어. 빈틈없이 찾았니?

3. 핵심 개념에 대해 설명한 부분에 밑줄이 그어져 있는지 확인해 봐.

4. 핵심 개념과 관련된 내용이 있을 때는 화살표로 표시하기도 해. 위의 노트 정리의 화살표는 적절한지 확인해 봐.

5. 다 했거나 잘 모르겠다면 책 뒤에 있는 기적이의 노트를 참고해보자.

여러분은 과일하면 무엇이 먼저 떠오르나요? 저는 사과가 가장 먼저 떠오릅니다. 그만큼 사과는 대표적인 과일인데요. 사과에 대해 알아볼까요?

사과는 피부처럼 매끄러운 껍질을 가지고 있어요. 사과 껍질의 색깔은 초록색, 노란색, 빨간색 등 여러 가지가 있답니다. 어떤 사과는 색깔이 섞여 있거나 점이 있기도 해요.

사과의 안을 살펴보면, 부드럽고 즙이 많은 과육과 가운데에 씨앗이 들어 있는 딱딱한 부분이 있어요. 사과의 과육은 달콤하고 상큼한 맛이 나서, 먹으면 입안이 즐거워져요. 우리가 사과를 먹으면, 비타민 C와 같이 몸에 좋은 영양분을 얻을 수 있답니다.

다음 글을 읽고 핵심 개념을 찾아 동그라미를 그려보세요. 어려운 친구는 아래에 있는 힌트를 참고하세요.

스마트폰의 다양한 기능 덕분에 우리는 많은 일을 할 수 있습니다. 전화와 문자 기능은 물론, 이메일을 확인하고, 인터넷을 검색하는 것까지 가능합니다. 우리는 스마트폰으로 음악을 듣고, 영화나 드라마를 시청하며, 게임을 즐기기도 합니다. 또한, 다양한 앱을 통해 은행 업무를 처리하거나, 쇼핑을 하고, 식당 예약을 하는 등 일상의 많은 부분을 관리할 수 있죠. GPS 기능을 이용해 길을 찾고, 날씨 정보를 얻으며, 건강 관리도 할 수 있습니다. 카메라 기능은 발전하여 고품질의 사진과 영상을 촬영할 수 있게 되었고, 소셜 미디어를 통해 친구들과 소통하며 추억을 공유할 수 있게 되었습니다. 현대 사회에서 스마트폰 없이는 생활하기 어려울 정도로, 스마트폰은 우리 삶에 깊숙이 자리 잡고 있습니다.

기적의 힌트

1. 핵심 개념은 이 글의 주제나 내용의 중요한 부분을 표현할 수 있어야 해. 네가 찾은 핵심 개념이 이 글을 대표할 수 있니?
2. 핵심 개념이 여러 개일 수도 있어. 빈틈없이 찾았니?
3. 다 했거나 잘 모르겠다면 책 뒤에 있는 기적이의 노트를 참고해보자.

이번에는 힌트 없이 자신만의 힘으로 도전해봅시다. 핵심 개념에 동그라미를 그리고, 핵심 개념과 관련된 설명 부분에는 밑줄을 그어보세요.

물고기는 물 속에서 사는 동물입니다. 물고기의 신체 기관은 물 속 생활에 적합하게 발달되어 있습니다.

물고기의 온몸은 비늘로 덮여 있습니다. 비늘은 외부의 충격에서 물고기를 보호합니다. 뿐만 아니라 물의 저항을 줄여주어 물고기가 물 속에서 빨리 수영할 수 있도록 해줍니다.

지느러미는 몸을 움직일 때 사용합니다. 물고기는 등 지느러미, 가슴 지느러미, 꼬리 지느러미 등 다양한 종류의 지느러미를 움직여서 물 속에서 자유롭게 움직입니다.

아가미는 물고기 몸의 옆 면에 있습니다. 물고기는 아가미를 통해 물 속에서 호흡을 합니다. 자칫 아가미 덮개를 아가미로 잘못 알기 쉽습니다. 우리 눈에 보이는 부분은 아가미 덮개이며, 물고기가 산소를 흡수하고 나머지 물을 뱉을 때 보이는 붉은 부분이 아가미입니다.

2 개념의 크기

 이런, 기필이의 방이 엉망이군요. 기필이를 도와 방 청소를 함께 해주세요. 각 물건을 어디에 넣어야 할지 줄을 그어 주세요.

기적의 레슨

큰 개념, 작은 개념이란?

개념에 크고 작다는 기준을 적용할 수 있냐고? 이건 너에게 노트를 정리할 때 유용한 팁을 알려주기 위해 내가 만든 이야기야. 하나의 단어가 다른 단어를 포함할 수 있다는 의미지. 예를 들어, '과일'이라는 단어는 사과, 바나나, 오렌지 같은 구체적인 과일들을 모두 포함하는 더 큰 개념이야. 또 다른 예로는 '동물'이 있어. '동물'은 고양이, 개, 코끼리 같은 다양한 동물들을 포함하는 더 큰 개념인 거야.

하아, 다 끝났다. 친구들 덕분에 금방 끝냈네.
그런데 나 아직 큰 개념, 작은 개념을 잘 모르겠어.

고생했어.
기필아, 방 정리할 때 물건들을 어떤 기준으로 정리했어?

그야...장난감이면 장난감함에, 옷이면 옷걸이에...
물건을 어디에 넣을지 분류해서 정리했지.

맞아, 노트도 같은 방법으로 정리하는 거야!

노트 정리의 기본 원칙, 분류하고 정리하자!
이제 연습하러 가볼까?

기적의 레슨

개념을 분류하고 정리하라니?

　노트를 정리할 때는 서로 관련 있는 개념끼리 한 곳에 묶어서 정리하는 것이 중요해. 예를 들어 과일의 종류에 대해 설명하다가 갑자기 코끼리에 대해 적는다면 내가 무엇을 정리하고 있었는지 혼란스러워질 거야. 그래서 과일은 과일끼리, 동물은 동물끼리 따로 묶어서 정리해야 해.
　이처럼 한 단어가 다른 단어를 포함하거나 일부분을 나타내는 경우가 있어. 이를 어려운 말로 상의어, 하의어, 전체어, 부분어라고 해. 하지만 우리는 이해하기 쉽게 큰 개념, 작은 개념이라고 표현해보자.
　큰 개념 아래 작은 개념을 잘 분류해서 정리하면 노트의 내용이 훨씬 명확해질 거야. 즉 내가 전달하고자 하는 의미를 정확하게 노트에 담기 위해서는 이러한 개념들을 잘 구분하고 정리하는 것이 필요하다는 이야기야.

기적의 꿀팁

상의어, 하의어, 전체어, 부분어에 대해서 알고 싶다고?

한 단어가 다른 단어의 뜻을 포함하는 관계는 상하관계라고 해.
나무(상의어) - 소나무(하의어) 같은 관계이지.

한 단어가 다른 단어의 일부분을 나타내는 것은 부분관계라고 해.
나무(전체어) - 나뭇잎(부분어) 같은 관계를 말해.

〈상하관계〉

〈부분관계〉

다음 단어들을 대표할 수 있는 가장 큰 개념에 동그라미를 쳐 보세요.

예시

| 사자 | 호랑이 | 지렁이 | (동물) | 염소 |

| 꽃 | 장미 | 튤립 | 해바라기 | 무궁화 |

| 교실 | 학교 | 책상 | 칠판 | 의자 |

| 수성 | 금성 | 태양계 | 목성 | 토성 |

| 세모 | 네모 | 도형 | 동그라미 | 별모양 |

| 매실차 | 우유 | 커피 | 음료 | 콜라 |

 보기와 같이 단어들을 분류해보세요.

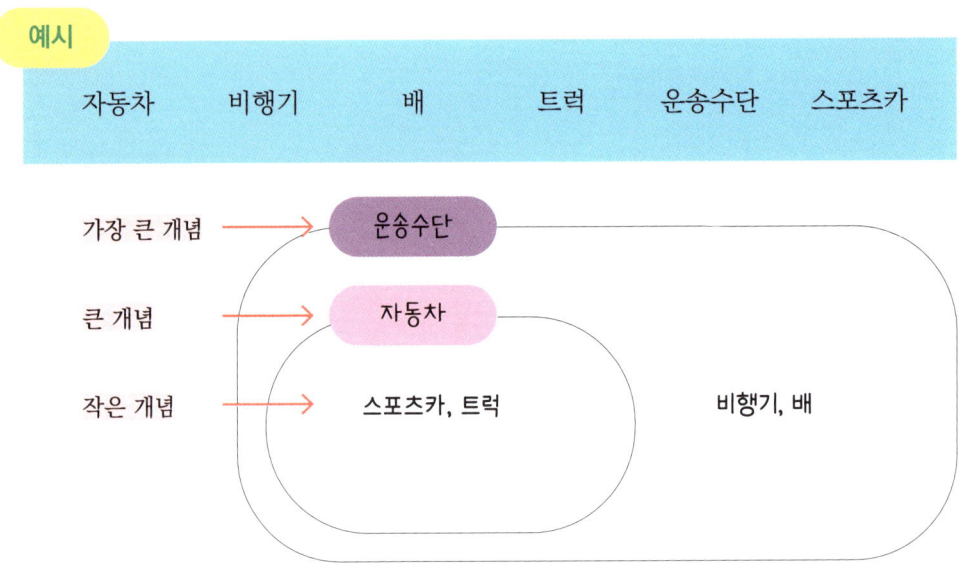

| 과일 | 밥 | 음식 | 사과 | 포도 | 고기 |

| 티셔츠 | 하의 | 원피스 | 반바지 | 긴바지 | 옷 |

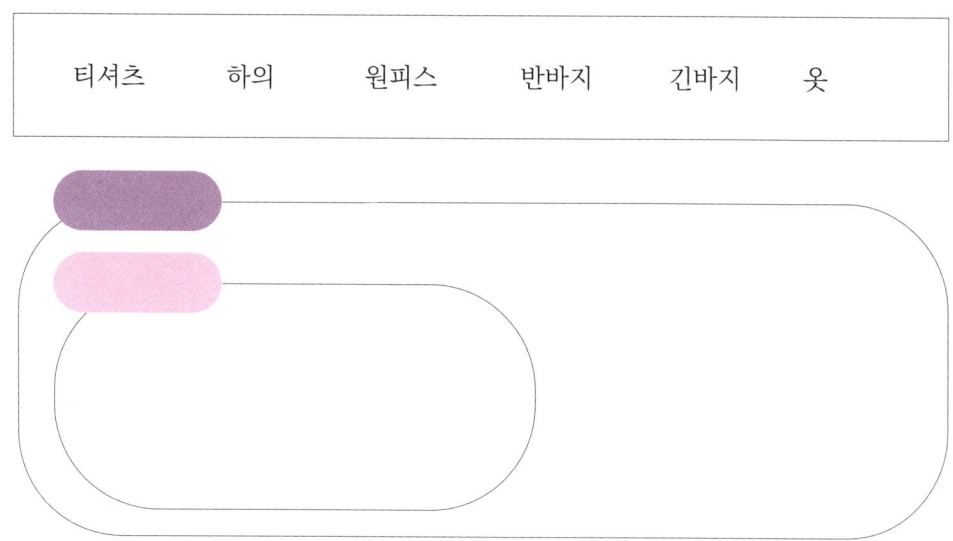

| 대한민국 | 강원도 | 경상도 | 강릉 | 원주 | 전라도 |

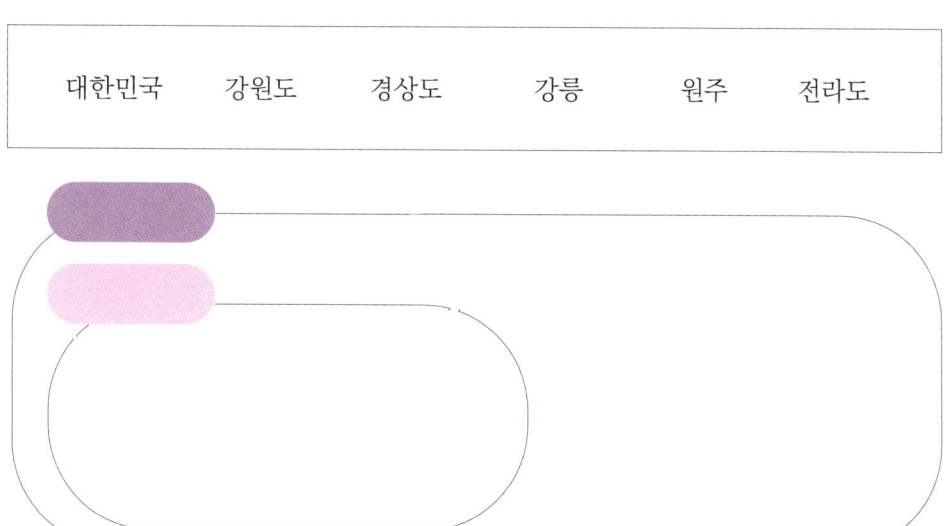

다음 글을 읽고 옆 장의 질문에 답해 보세요.

옛날 시골에서 개구리와 두꺼비는 흔히 볼 수 있었습니다. 당시 사람들은 어렵지 않게 개구리와 두꺼비를 구별할 줄 알았지만, 도시에서 사는 지금의 아이들은 개구리와 두꺼비를 구별하는 것이 쉽지 않습니다.

개구리는 긴 뒷다리로 팔짝 팔짝 점프하듯 뛰어다니고, 물속에서는 빠르게 움직일 수 있습니다. 두꺼비는 짧은 다리로 어기적 어기적 걸어다닙니다.

개구리의 피부는 매끄럽고 촉촉합니다. 개구리의 피부는 물 속에서 살기에 적합합니다. 두꺼비는 울퉁불퉁하고 거친 피부를 가지고 있습니다. 두꺼비의 피부는 땅에서 살기에 적합합니다.

두꺼비의 피부에는 독이 있습니다. 이 독은 뱀과 같은 두꺼비의 천적에게 매우 효과적입니다. 일부 개구리에게도 독이 있습니다. 개구리의 독 역시 천적에게서 자신을 보호하기 위한 수단입니다.

기적의 연습

1. 각 문단의 핵심 개념을 찾아서 아래에 적어봐.

   _____

   _____

2. 핵심 개념들을 큰 개념과 작은 개념에 맞게 아래 그림에 분류해 봐.

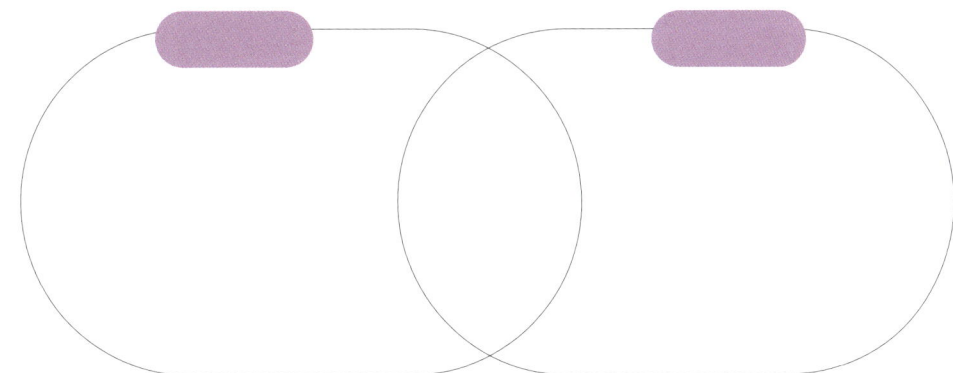

3. 다 했거나 잘 모르겠다면 책 뒤에 있는 기적이의 노트를 참고해보자.

3 중심 문장 찾기

 다음의 글을 읽고 중심 문장을 찾아보세요.

동양의 용은 여러 동물의 특징을 모아서 만든 상상의 동물입니다. 용의 뿔은 사슴의 뿔 모양입니다. 용의 얼굴은 낙타의 얼굴이며, 눈은 토끼, 귀는 소, 머리털은 사자의 갈기를 모아 만들었습니다. 용의 몸통은 뱀과 같고, 비늘은 물고기와 같습니다. 용의 발은 매의 발 모양입니다.

✦ 기적의 레슨

중심 문장, 뒷받침 문장이란?

　이 글은 사람들이 용을 상상할 때 어떤 동물의 어느 부분을 모았는지를 알려주고 있어. 첫 번째 문장이 이 글의 내용을 가장 잘 나타내 주지. 우리는 이 문장을 '중심 문장'이라고 불러.
　나머지 문장들은 중심 문장의 내용을 추가로 설명하거나 예를 들어주고 있어. 이런 문장들을 '뒷받침 문장'이라고 불러.

앞 단원에서 노트를 정리할 때 중요한 정보를 적어야 한다고 배웠지?

중심 문장은 한 문단에서 말하고자 하는 내용을 잘 나타내는 문장이기 때문에 핵심적인 내용을 담고 있어. 따라서 노트 정리를 잘 하기 위해서는 중심 문장을 제대로 찾을 수 있어야 해.

 그렇구나. 중심 문장 찾는거 열심히 연습할께. 그런데 문단이 뭐야?

문단은 하나의 생각을 전달하는 문장들이 모인 것이야. 보통 한 칸 들여쓰기로 시작하고, 끝날 때는 줄을 바꾸지. 문단 안에서는 중심 문장이 핵심 내용을 전달하고, 나머지 문장들이 그 내용을 뒷받침해 주는 역할을 해.

그럼 이제 중심 문장과 뒷받침 문장을 찾는 연습을 해볼까?

기적의 레슨

중심 문장은 어떻게 찾아?

　중심 문장을 찾으려면 먼저 글의 주제와 목적이 무엇인지 파악해야 해. 주제는 전체 내용을 아우르는 큰 틀이 될 수 있기 때문이야.

　글의 처음과 끝에서 중요한 문장을 찾아보거나, 각 문단의 첫 문장이나 마지막 문장을 주의 깊게 읽어보는 것도 상당히 도움이 돼. 글이 어떻게 흐르는지 살펴보고, 예시나 자세한 설명이 중심 문장과 어떻게 연결되는지 잘 살펴봐.

　혹시 글에서 어떤 내용을 강조하거나 반복한다면 중심 문장을 찾는데 매우 중요한 힌트가 될 수 있어.

기적의 꿀팁　글을 읽으면서 중심 문장에 밑줄을 그어봐. 중심 문장에 핵심 개념이 있다면 동그라미를 그려도 좋아.

　경우에 따라 중심 문장이 명확하지 않을 때도 있어. 그럴 때는 문단 주변의 여백에 중심 내용을 적어두는 것도 좋은 방법이야.

동양의 용은 여러 동물의 특징을 모아서 만든 상상의 동물입니다. 용의 뿔은 사슴의 뿔 모양입니다. 용의 얼굴은 낙타의 얼굴이며, 눈은 토끼, 귀는 소, 머리털은 사자의 갈기를 모아 만들었습니다. 용의 몸통은 뱀과 같고, 비늘은 물고기와 같습니다. 용의 발은 매의 발 모양입니다.

핵심 개념에 동그라미, 중심 문장에 밑줄!
어때? 엣헴!

잘하는데?!
그럼 이 문제는 어때?

동양의 용의 뿔은 사슴의 뿔 모양입니다. 용의 얼굴은 낙타의 얼굴이며, 눈은 토끼, 귀는 소, 머리털은 사자의 갈기를 모아 만들었습니다. 용의 몸통은 뱀과 같고, 비늘은 물고기와 같습니다. 용의 발은 매의 발 모양입니다.

→ 용의 생김새, 여러 동물의 특징을 조합

중심 문장이 드러나지 않을 경우, 이렇게 메모하면 좋다구!

다음의 노트 정리는 잘못되었습니다. 아래의 힌트를 참고해서 옆 쪽에 올바르게 수정해주세요.

1문단
'벌레'와 '곤충'은 비슷한 의미로 사용되지만 다른 개념입니다. 노래기, 쥐며느리, 지네는 벌레지만 곤충은 아닙니다. 어떤 기준으로 벌레와 곤충을 판단할까요?
  사람들은 보통 작고 척추가 없으며 꼼지락 거리는 동물들을 보면 '벌레'라고 부릅니다. 하지만 이것은 학문적으로 엄격히 분류하는 기준이 아닙니다. 따라서 사람에 따라 나비를 벌레에 포함시키기도 하고 아니기도 한 일이 벌어집니다.

2문단
  그러나 곤충을 판단하는 기준은 명확합니다. 일반적으로 곤충은 몸이 머리, 가슴, 배로 나뉘며, 세 개의 다리와 두 쌍의 날개, 한 쌍의 눈과 더듬이를 가지고 있습니다. 이 기준에 의해 나비는 세계 어느 나라를 가도 곤충으로 분류합니다.

기적의 힌트

1. 문단을 제대로 표시했을까? 문단을 알아보는 쉬운 방법은 형태를 보는 거야. 문단을 시작할 때 들여 쓰고 마지막에 줄을 바꾼 부분을 확인해봐.

2. 핵심 개념에 제대로 동그라미가 쳐져 있니? 핵심 개념은 이 글에서 중요한 내용을 표현하는 거야.

3. 하나의 문단은 한 가지 중심 생각을 전달해. 각 문단에서 주로 말하고자 하는 내용은 무엇인지, 그 내용을 가장 잘 나타낸 문장에 밑줄이 그어져 있는지 확인해봐. 그 문장이 중심 문장이야.

4. 다 했거나 잘 모르겠다면 책 뒤에 있는 기적이의 노트를 참고해보자.

'벌레'와 '곤충'은 비슷한 의미로 사용되지만 다른 개념입니다. 노래기, 쥐며느리, 지네는 벌레지만 곤충은 아닙니다. 어떤 기준으로 벌레와 곤충을 판단할까요?

사람들은 보통 작고 척추가 없으며 꼼지락 거리는 동물들을 보면 '벌레'라고 부릅니다. 하지만 이것은 학문적으로 엄격히 분류하는 기준이 아닙니다. 따라서 사람에 따라 나비를 벌레에 포함시키기도 하고 아니기도 한 일이 벌어집니다.

그러나 곤충을 판단하는 기준은 명확합니다. 일반적으로 곤충은 몸이 머리, 가슴, 배로 나뉘며, 세 개의 다리와 두 쌍의 날개, 한 쌍의 눈과 더듬이를 가지고 있습니다. 이 기준에 의해 나비는 세계 어느 나라를 가도 곤충으로 분류합니다.

다음 글을 읽고 핵심 개념에 동그라미를 그리고, 중심 문장에 밑줄을 그어 보세요. 어려운 친구는 아래에 있는 힌트를 참고하세요.

여러분은 강아지의 말을 알아듣고 싶은 적이 있나요? 강아지는 인간과는 달리 목소리와 행동을 함께 사용해서 말을 합니다. 이것을 카밍 시그널이라고 하는데요. 전문가에 따르면 강아지의 카밍 시그널은 약 30가지나 된다고 합니다.

가장 대표적인 카밍 시그널은 꼬리 흔들기입니다. 집에 돌아왔을 때 강아지가 우리를 보고 꼬리를 흔든다면 반갑다는 뜻입니다. 만약 모르는 사람을 보면서 꼬리를 흔들고 짖는다면 경계하는 중입니다.

강아지가 얼굴을 핥는 것은 배가 고프다는 뜻입니다. 방금 밥을 먹어서 배가 고프지 않은 상태인데 얼굴을 핥는다면 여러분을 사랑한다고 말하는 것입니다.

카밍 시그널은 상황에 따라 다르게 해석할 수 있습니다. 인터넷에서 찾은 정보가 정확하지 않을 수도 있습니다. 그러므로 여러분의 강아지를 평소에 많이 살펴보세요. 여러분의 강아지가 하는 말을 잘 알아들을 수 있게 된답니다.

기적의 힌트

1. 핵심 개념은 이 글의 주제나 내용의 중요한 부분을 표현하는 개념이야.

2. 문단에서 주로 말하고자 하는 내용을 가장 잘 나타낸 문장이 중심 문장이야.

3. 다 했거나 잘 모르겠다면 책 뒤에 있는 기적이의 노트를 참고해보자.

이번에는 힌트 없이 자신만의 힘으로 도전해봅시다. 핵심 개념에 동그라미를 그리고, 중심 문장에 밑줄을 그어 보세요.

초콜렛은 많은 사람들에게 사랑받는 간식입니다. 초콜렛의 달콤하고 부드러운 맛이 사람들을 기분 좋게 해주기 때문입니다. 이 때문에 사람들은 초콜렛을 선물하며 사랑과 관심을 표현합니다.

초콜렛의 역사는 상당히 오래되었습니다. 기원전 약 1800년경 메소아메리카의 올메카 사람들은 카카오 열매의 씨로 음료를 만들었습니다. 이 초콜렛 음료는 상당히 비싸고 귀한 음식이었습니다.

초콜렛이 세상에 알려지게 된 것은 아스테카 왕국을 탐험하던 모험가 에르난 코르테스 덕분입니다. 1528년 코르테스는 자신의 나라 에스파냐에 카카오 음료를 들여왔습니다. 풍미 가득한 이 음료는 곧 유럽과 미국에 퍼졌습니다. 특히 유럽 사람들은 초콜렛 음료에 바닐라, 시나몬 등의 향료를 첨가하고, 설탕을 추가해서 달달하게 즐겼습니다.

우리가 알고 있는 고체 형태의 초콜렛은 1800년대에 만들어졌습니다. 영국의 J.S. 프라이 앤 선즈라는 회사가 카카오 음료에 카카오 버터를 넣어 초콜렛을 굳히는 방법을 개발하는데 성공했기 때문입니다. 이 후 스위스에서 초콜렛 바를 입안에서 살살 녹게 만드는 방법을 개발해서 지금 우리가 아는 초콜렛이 되었습니다.

4 단어로 요약하기

 다음의 내용을 단어만 사용해서 요약해보세요.

식사를 할 때 사용하는 도구는 문화에 따라 다릅니다. 음식 재료가 다르고 요리해 먹는 방식도 다르기 때문입니다.

한국, 중국, 일본과 같은 동양 문화권은 숟가락과 젓가락을 사용해서 음식을 먹습니다. 동양은 쌀을 주식으로 하고 국과 반찬을 곁들여 먹기 때문입니다.

미국과 유럽과 같은 서양 문화권은 포크와 나이프를 사용해서 음식을 먹습니다. 고기를 먹기 좋은 크기로 잘라서 요리하는 동양과 달리 서양은 큼직한 고기를 통으로 요리합니다. 그리고 식탁에서 포크로 고기를 잡고 나이프로 작게 썰어 먹습니다.

아시아, 아프리카, 중동의 일부 문화권에서는 손으로 음식을 먹습니다. 예를 들어 에디오피아는 떼프(Teff)라는 곡물로 인제라(Injera)를 만들어 먹습니다. 인제라는 마치 우리나라의 부침개처럼 생겼습니다. 에디오피아 사람들은 인제라를 작게 잘라 고기, 치즈, 달걀 등을 넣어 쌈처럼 싸먹습니다.

✦ 기적의 레슨

요약하는 것이 뭐야?

글을 요약한다는 것은 중요한 내용을 뽑아 짧고 간단하게 정리하는 거야. 핵심을 잘 파악하고, 필요 없는 부분을 빼서 글을 더 간결하게 만드는 거지.

요약은 중요한 내용을 빠르게 이해하도록 도와줘서, 복잡한 내용을 쉽게 정리하고 시간을 절약할 수 있어. 기억하기도 더 쉬워지지. 그래서 노트를 잘 정리하려면, 먼저 글을 요약하는 과정이 필요해.

이 글을 단어만 사용해서 요약해보라고?
음식..문화..도구...다르다..한국, 중국....

이게 맞나?

하하!

단어를 그냥 나열하는 것만으로는 저 글을 요약했다고 할 수 없어.
중요한 건 단어들을 어떻게 조합하느냐야.

예를 들어 "식사를 할 때 사용하는 도구는 문화에 따라 다릅니다."라는 문장을 보자.

이 문장에서 중요한 의미는 '식사 도구', '문화', '다르다'일 거야. 이 단어들을 조합해서 뜻을 가장 잘 전달하도록 바꾼다면, '문화에 따라 다른 식사 도구'가 될 수 있는 거지.

기적의 레슨

단어로 정리해야 하는 이유가 뭐야?

노트 정리를 하는 이유는 정보를 나만의 방식으로 정리하고 잘 기억하기 위해서야.

원래의 문장을 그대로 베껴 쓴다면 어떨까? 우선 손이 아프겠지. 적어야 할 글씨의 양이 많으니까. 그리고 문장을 다 적고 난 뒤에도 어떤 정보가 중요한지 한눈에 들어오지 않아. 옮겨 적은 문장을 다시 읽고, 왜 이 문장을 적었는지 다시 기억해야 해.

하지만 단어로 최대한 간결하게 노트를 정리한다면 어떨까? 쓸 때 손이 덜 아프겠지. 중요한 단어를 조합해서 적은 필기는 보기에도 깔끔하고, 이미 중요한 내용을 핵심만 정리해 놓은 거니까 어떤 내용을 정리하고자 했는지 바로 기억나. 단순명쾌하기 때문이지.

기적의 꿀팁

핵심 개념만 잘 찾으면 이 글의 내용을 어떻게 대표할 수 있는지 감이 올 거야. 만약 핵심 개념 찾기가 어렵다면, 1일 차 학습 내용을 복습해 보자.

대략적인 내용은 알겠지만 어떻게 표현해야 할지 잘 모르겠다면, 어휘 공부를 해보자.

오늘 배운 내용은 메모하는데도 적용할 수 있어!

문장으로 정리

식사 도구는 문화에 따라 다릅니다. 동양 문화권(한국, 중국, 일본)은 쌀을 주식으로 하여 숟가락과 젓가락을 사용하고, 서양 문화권(미국, 유럽)은 큼직한 고기를 통으로 요리해 포크와 나이프로 잘라 먹습니다. 일부 아시아, 아프리카, 중동 문화권에서는 손으로 음식을 먹습니다.

단어로 정리

<문화에 따라 다른 식사도구>

1. 동양 문화권: 숟가락, 젓가락, 쌀, 국, 반찬
2. 서양 문화권: 포크, 나이프, 큼직한 고기, 통으로 요리
3. 일부 아시아, 아프리카, 중동: 손으로 음식 섭취

앞 장의 글을 문장과 단어로 정리해보았어.
어때, 차이점이 느껴지니?

다음 문장을 단어로 요약해 보세요.

예시

식사를 할 때 사용하는 도구는 문화에 따라 다릅니다.

➤ 문화에 따라 다른 식사 도구

기적의 꿀팁
어떤 문장이 전체 글의 내용을 잘 표현한다면, 이 문장을 단어로 요약해 제목이나 주제로 사용할 수 있어.

예시

동양 문화권은 숟가락과 젓가락을 사용해서 음식을 먹습니다.

➤ 동양 문화권: 숟가락, 젓가락

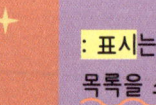
: 표시는 개념을 설명하거나, 추가 정보를 전달할 때, 그리고 여러 가지 항목이나 목록을 소개할 때 많이 써.

로마 시대의 군인은 급료를 소금으로 받았습니다.

➤ _____

모기약의 기능은 모기를 쫓아내는 것이 아니라 모기가 사람을 찾지 못하게 하는 것 입니다.

➤ _____

라면 한 봉지에 들어있는 면발의 총 길이는 13층 아파트 높이와 맞먹습니다.

➤ _____

5 종합연습

 다음의 내용을 읽고 지시에 따라 필기해 보세요.

도깨비에 대한 궁금증 { "마치 도깨비에 홀린 것 같다."라는 말을 들어보셨나요? 어찌 된 영문인지 몰라서 어리둥절 할 때 쓰는 표현인데요. 도깨비가 무엇이길래 이런 말까지 생겼을까요?

　도깨비는 우리 나라 민담 속에 자주 등장하는 신기한 존재로 지역과 시대에 따라 다양한 모습으로 나타납니다. 대체적으로 도깨비는 덩치가 큰 성인 남자의 모습을 하고 있으며, 경우에 따라 털이 많거나 패랭이 모자를 쓴 모습으로 이야기되기도 합니다.

　도깨비는 사람을 좋아하며 친하게 지내고 싶어합니다. 도깨비가 사람을 만나면 '김서방'이라고 부르며 씨름 내기를 제안하거나 소원을 들어주기도 합니다. 솔직하고 단순해서 때때로 사람에게 속아 넘어가기도 합니다.

　도깨비는 엄청난 힘을 가지고 있으며, 신기한 능력을 가진 물건들을 가지고 다닙니다. 무엇이든 뚝딱 만들어내는 도깨비 방망이, 모습을 감추어주는 도깨비 감투, 코를 길게 만들거나 줄이는 빨간 부채와 파란 부채 등은 도깨비의 물건 중에서 가장 유명합니다. 도깨비는 큰 돌을 들어 강을 건너는 다리를 하룻밤 만에 만들어내기도 합니다. 이런 신기한 능력 때문에 이해할 수 없는 일이 있을 때 "마치 도깨비에 홀린 것 같다"라고 표현합니다.

기적의 연습

1. 글 옆의 여백에 문단을 표시해봐.

2. 핵심 개념을 찾아 동그라미 그려줘. 핵심 개념 중에 가장 큰 개념은 무엇일까? 형광펜으로 밑줄을 그어봐.

3. 각 문단에는 하나의 중심 문장이 있어. 중심 문장에 밑줄을 그어봐.

4. 문단의 내용을 대표할 수 있도록 중심 문장을 단어로 요약해봐. 요약한 내용은 문단 표시 옆에 적어줘.

5. 너에게 도움이 될 수 있도록 1문단에 노트 정리 예시를 적어 두었어.

6. 다 했거나 잘 모르겠다면 책 뒤에 있는 기적이의 노트를 참고해보자.

이번에는 힌트 없이 자신만의 힘으로 도전해봅시다. 다음의 내용을 읽고 지시에 따라 필기해 보세요.

기후는 사람들의 생활에 큰 영향을 미칩니다. 특히 집은 기후의 영향이 더욱 뚜렷합니다. 집을 짓는 재료, 집의 구조는 기후에 따라 달라지며, 이는 전 세계의 집이 다르게 생긴 이유를 잘 설명해 줍니다.

열대 기후 지역에서는 덥고 습한 날씨 때문에 바람이 잘 통하고 벌레가 들어오지 못하는 집을 짓습니다. 예를 들면 물 위에 집을 지은 베트남의 수상 가옥이나 집의 바닥이 땅보다 2~3미터 높은 인도네시아의 고상 가옥을 들 수 있습니다.

반면 냉대 기후 지역에서는 춥고 긴 겨울에 따뜻하게 지낼 수 있는 집을 짓습니다. 이렇게 추운 곳에서는 소나무와 같은 침엽수가 많이 자라는데, 이 나무를 사용해서 집을 지으면 습할 때는 습기를 머금고 건조할 때는 습기를 내뿜어서 쾌적하게 지낼 수 있습니다.

우리 나라처럼 사계절이 뚜렷한 곳에서는 여름에는 시원하고 겨울에는 따뜻하게 지낼 수 있는 집을 짓습니다. 한옥의 대청마루는 바람이 잘 통하고, 온돌은 실내를 따뜻하게 합니다.

이렇게 날씨에 맞게 집을 짓는 것은 그 지역의 자연과 문화를 반영한 건축의 지혜입니다. 이런 지혜는 오랜 시간 동안 전해져 내려오며, 우리가 살고 있는 다양한 집들의 모습을 만들어냈습니다.

기적의 연습

1. 글 옆의 여백에 문단을 표시해봐.

2. 핵심 개념을 찾아 동그라미 그려줘. 핵심 개념 중에 가장 큰 개념은 무엇일까? 형광펜으로 밑줄을 그어봐.

3. 각 문단에는 하나의 중심 문장이 있어. 중심 문장에 밑줄을 그어봐.

4. 문단의 내용을 대표할 수 있도록 중심 문장을 단어로 요약해봐. 요약한 내용은 문단 표시 옆에 적어줘.

5. 다 했거나 잘 모르겠다면 책 뒤에 있는 기적이의 노트를 참고해보자.

두 번째 단계
노트 정리의 기본
기초부터 탄탄하게

6. 정보의 구조 잡기
7. 체계적으로 정리하기
8. 줄 바꿈과 들여쓰기
9. 종합연습

6 정보의 구조 잡기

 다음 내용을 노트에 정리해 봅시다.

한글은 세종대왕이 만든 과학적이고 체계적인 문자입니다. 당시 한자는 배우기 어려워서 대부분의 백성들은 글을 읽고 쓸 수 없었습니다. 그래서 세종대왕은 누구나 쉽게 배울 수 있는 새로운 문자 체계인 한글을 만들었습니다.

한글의 자음은 혀, 입술, 목구멍의 모양을 따라 ㄱ, ㄴ, ㅁ, ㅅ, ㅇ의 기본 자음을 만들고, 여기에 획을 추가하며 소리가 세지는 원리를 적용해서 다른 자음 ㄷ, ㄹ, ㅂ, ㅈ, ㅊ, ㅋ, ㅌ, ㅍ, ㅎ를 만들었습니다. 뿐만 아니라 소리의 강약을 조절하고 세밀한 발음을 표현하기 위해 복합 자음인 ㄲ, ㄸ, ㅃ, ㅆ, ㅉ을 만들었습니다.

모음은 하늘을 나타내는 'ㆍ', 땅을 나타내는 'ㅡ', 인간을 나타내는 'ㅣ'의 세 가지 기본 모양에서 출발하여, 이들을 조합해 다른 모음들을 만들었습니다. 모음은 ㅏ, ㅓ, ㅗ, ㅜ, ㅡ, ㅣ의 단모음과 ㅑ, ㅕ, ㅛ, ㅠ, ㅐ, ㅒ, ㅔ, ㅖ, ㅘ, ㅙ, ㅚ, ㅝ, ㅞ, ㅟ, ㅢ의 이중 모음이 있습니다.

기적의 레슨

필기가 뭐야?

필기란 중요한 정보를 종이나 컴퓨터에 적는 것을 말해. 학교에서 배운 내용을 기록하거나, 회의에서 중요한 점을 적고, 해야 할 일을 메모할 때 사용하지. 우리는 이 책을 통해 중요한 정보를 노트에 정리하는 방법을 배우고 있어.

많은 사람들이 필기라고 하면 글을 읽으면서 동시에 노트에 쓰는 걸 떠올리지만, 처음부터 이렇게 하는 것은 쉽지 않아. 그래서 우리는 먼저 글을 읽고, 정보를 정리해 구조를 파악한 다음, 이를 노트에 정리하는 연습을 할 거야. 이 훈련을 충분히 하면 글을 읽으면서 노트에 정리할 수 있게 될 거야.

드디어 본격적으로 필기를 한다 이거지?! 얏호!

첫 번째 단계에서는 필기를 하기 위해 글에서 정보를 찾는 훈련을 했어.
이제부터 본격적으로 필기의 형태를 갖춰서 노트에 정리하는 연습을 해보자.

옆에 있는 글을 봐봐. 꽤 어려워 보이지?
이 글을 함께 단계별로 필기하면서 내용을 이해해 보자!

기적아, 나 정말 열심히 배울께!

1

 문단별로 핵심 개념에 동그라미, 중심 문장에 밑줄을 그어보자.

한글은 세종대왕이 만든 과학적이고 체계적인 문자입니다. 당시 한자는 배우기 어려워서 대부분의 백성들은 글을 읽고 쓸 수 없었습니다. 그래서 세종대왕은 누구나 쉽게 배울 수 있는 새로운 문자 체계인 한글을 만들었습니다.

한글의 자음은 혀, 입술, 목구멍의 모양을 따라 ㄱ, ㄴ, ㅁ, ㅅ, ㅇ의 기본 자음을 만들고, 여기에 획을 추가하며 소리가 세지는 원리를 적용해서 다른 자음 ㄷ, ㄹ, ㅂ, ㅈ, ㅊ, ㅋ, ㅌ, ㅍ, ㅎ를 만들었습니다. 뿐만 아니라 소리의 강약을 조절하고 세밀한 발음을 표현하기 위해 복합 자음인 ㄲ, ㄸ, ㅃ, ㅆ, ㅉ을 만들었습니다.

모음은 하늘을 나타내는 'ㆍ', 땅을 나타내는 'ㅡ', 인간을 나타내는 'ㅣ'의 세 가지 기본 모양에서 출발하여, 이들을 조합해 다른 모음들을 만들었습니다. 모음은 ㅏ, ㅓ, ㅗ, ㅜ, ㅡ, ㅣ의 단모음과 ㅑ, ㅕ, ㅛ, ㅠ, ㅐ, ㅒ, ㅔ, ㅖ, ㅘ, ㅙ, ㅚ, ㅝ, ㅞ, ㅟ, ㅢ의 이중 모음이 있습니다.

2

 엇, 2문단과 3문단에 중요한 내용들이 더 있는데?
자음과 모음이 만들어진 원리는 초록색 밑줄로, 자음과 모음의 종류는 노란색 밑줄로 표시해볼까?

한글은 세종대왕이 만든 과학적이고 체계적인 문자입니다. 당시 한자는 배우기 어려워서 대부분의 백성들은 글을 읽고 쓸 수 없었습니다. 그래서 세종대왕은 누구나 쉽게 배울 수 있는 새로운 문자 체계인 한글을 만들었습니다.

한글의 자음은 혀, 입술, 목구멍의 모양을 따라 ㄱ, ㄴ, ㅁ, ㅅ, ㅇ의 **기본 자음**을 만들고, 여기에 획을 추가하며 소리가 세지는 원리를 적용해서 다른 자음 ㄷ, ㄹ, ㅂ, ㅈ, ㅊ, ㅋ, ㅌ, ㅍ, ㅎ를 만들었습니다. 뿐만 아니라 소리의 강약을 조절하고 세밀한 발음을 표현하기 위해 **복합 자음**인 ㄲ, ㄸ, ㅃ, ㅆ, ㅉ을 만들었습니다.

모음은 하늘을 나타내는 'ㆍ', 땅을 나타내는 'ㅡ', 인간을 나타내는 'ㅣ'의 세 가지 기본 모양에서 출발하여, 이들을 조합해 다른 모음들을 만들었습니다. 모음은 ㅏ, ㅓ, ㅗ, ㅜ, ㅡ, ㅣ의 **단모음**과 ㅑ, ㅕ, ㅛ, ㅠ, ㅐ, ㅒ, ㅔ, ㅖ, ㅘ, ㅙ, ㅚ, ㅝ, ㅞ, ㅟ, ㅢ의 **이중 모음**이 있습니다.

3

 각 문단의 내용을 단어로 요약해 왼쪽 여백에 적어보자.

과학적이고 체계적인 한글

한글은 세종대왕이 만든 과학적이고 체계적인 문자입니다. 당시 한자는 배우기 어려워서 대부분의 백성들은 글을 읽고 쓸 수 없었습니다. 그래서 세종대왕은 누구나 쉽게 배울 수 있는 새로운 문자 체계인 한글을 만들었습니다.

자음의 창제원리와 종류

한글의 자음은 혀, 입술, 목구멍의 모양을 따라 ㄱ, ㄴ, ㅁ, ㅅ, ㅇ의 기본 자음을 만들고, 여기에 획을 추가하며 소리가 세지는 원리를 적용해서 다른 자음 ㄷ, ㄹ, ㅂ, ㅈ, ㅊ, ㅋ, ㅌ, ㅍ, ㅎ를 만들었습니다. 뿐만 아니라 소리의 강약을 조절하고 세밀한 발음을 표현하기 위해 복합 자음인 ㄲ, ㄸ, ㅃ, ㅆ, ㅉ을 만들었습니다.

모음의 창제원리와 종류

모음은 하늘을 나타내는 'ㆍ', 땅을 나타내는 'ㅡ', 인간을 나타내는 'ㅣ'의 세 가지 기본 모양에서 출발하여, 이들을 조합해 다른 모음들을 만들었습니다. 모음은 ㅏ, ㅓ, ㅗ, ㅜ, ㅡ, ㅣ의 단모음과 ㅑ, ㅕ, ㅛ, ㅠ, ㅐ, ㅒ, ㅔ, ㅖ, ㅘ, ㅙ, ㅚ, ㅝ, ㅞ, ㅟ, ㅢ의 이중 모음이 있습니다.

 핵심 개념들을 큰 개념과 작은 개념으로 나누어 보면 이렇게 되네. 이제 노트에 옮겨 적을 준비는 모두 끝났어.

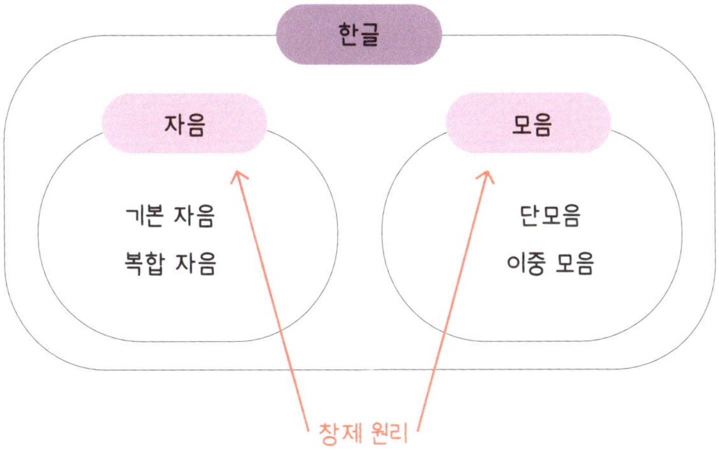

한글
- 자음
  - 기본 자음
  - 복합 자음
- 모음
  - 단모음
  - 이중 모음

창제 원리

5

기적의 꿀팁: 먼저 제목을 적고, 앞에서 정리한 개념의 크기를 기준으로 개념이 클수록 왼쪽에, 작을수록 오른쪽에 적어. 그런 다음, 둘의 관계를 이렇게 선으로 나타내는 거야.

<과학적이고 체계적인 한글>

한글
- 자음
  - 기본 자음
  - 복합 자음
- 모음
  - 단모음
  - 이중 모음

6

이제 세부적인 내용을 채워넣어 볼까?
먼저 자음과 모음의 종류를 : 표시를 이용해서 적어보자.

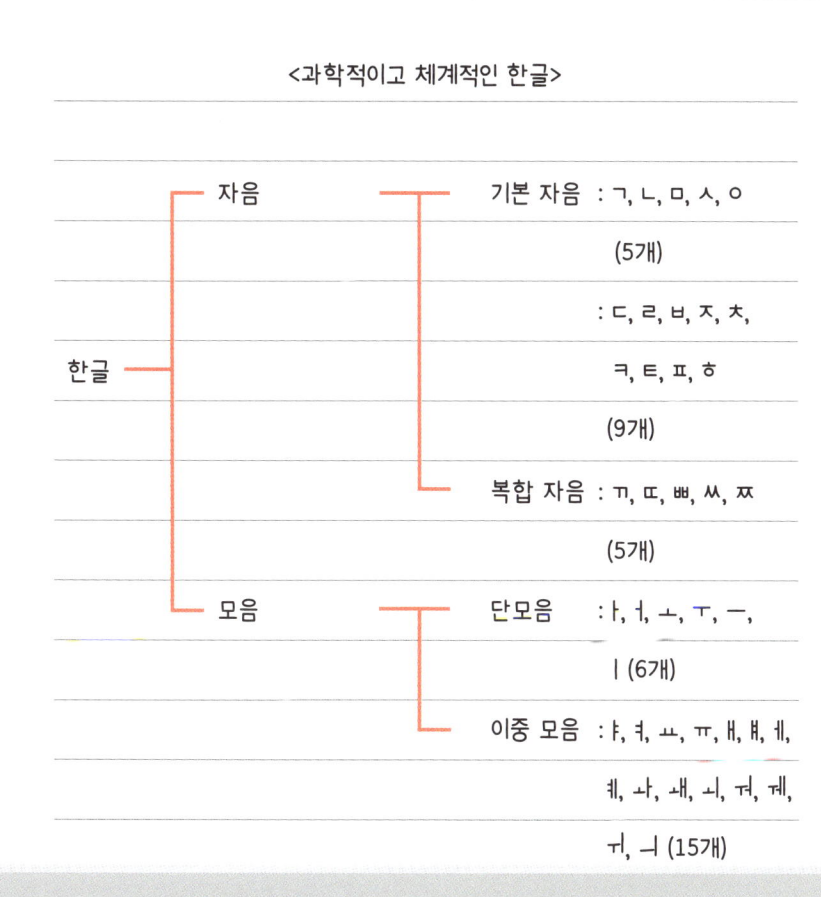

7

 마지막으로 창제 원리를 적어보자.
이것으로 노트 필기 완성!

<과학적이고 체계적인 한글>

한글
- 자음
  : 혀, 입술, 목구멍의 모양을 따서 만듦
  - 기본 자음 : ㄱ, ㄴ, ㅁ, ㅅ, ㅇ (5개)
  - : ㄷ, ㄹ, ㅂ, ㅈ, ㅊ, ㅋ, ㅌ, ㅍ, ㅎ (9개)
  - 복합 자음 : ㄲ, ㄸ, ㅃ, ㅆ, ㅉ (5개)
- 모음
  : 하늘(·), 땅(ㅡ), 사람(ㅣ)의 모양 조합
  - 단모음 : ㅏ, ㅓ, ㅗ, ㅜ, ㅡ, ㅣ (6개)
  - 이중 모음 : ㅑ, ㅕ, ㅛ, ㅠ, ㅐ, ㅒ, ㅔ, ㅖ, ㅘ, ㅙ, ㅚ, ㅝ, ㅞ, ㅟ, ㅢ (15개)

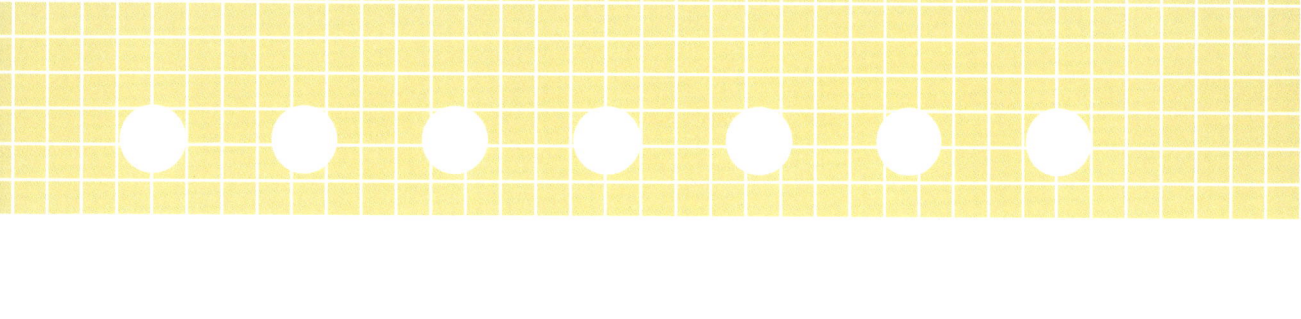

기적의 꿀팁

정보를 정리할 때 큰 개념과 작은 개념을 구분하는 것뿐만 아니라, 개념의 중요도를 고려해야 해. 중요한 정보와 덜 중요한 정보를 구분하여, 핵심 개념이나 주제를 강조해야 하는 것을 잊지 말자.

정보를 정리하는 방법은 여러 가지가 있어. 이 책에서는 브레이스 맵(Brace Map), 개요 구조(Outline), 플로우 차트(Flow chart), 벤다이어그램(Venn diagram), 마인드 맵(Mind Map), 이 다섯 가지 형태를 연습해보도록 하자.

옆의 노트는 브레이스 맵 방식으로 정보를 정리한 거야. 브레이스 맵은 전체와 부분의 관계를 쉽게 볼 수 있다는 장점이 있어.

다음의 노트 정리는 잘못되었습니다. 아래의 힌트를 참고해서 옆 쪽에 올바르게 수정 해주세요.

　동물을 분류하는 방법은 여러가지가 있습니다. 우리는 동물들이 가진 생리학적 특성에 따라 분류하는 방법을 공부해봅시다.
　동물은 척추를 가진 동물과 척추가 없는 동물로 나눌 수 있습니다. 척추를 가진 동물은 '척추동물'이라고 합니다. 척추 동물은 척추가 몸을 지탱해주어 몸의 구조가 안정적입니다. 척추동물은 어류, 양서류, 파충류, 조류, 포유류 등으로 구분됩니다.
　척추가 없는 동물은 '무척추 동물'이라고 합니다. 무척추 동물은 몸이 유연하고 다양한 환경에서 서식합니다. 무척추 동물은 극피동물, 절지동물, 환형동물 등으로 나눌 수 있습니다.

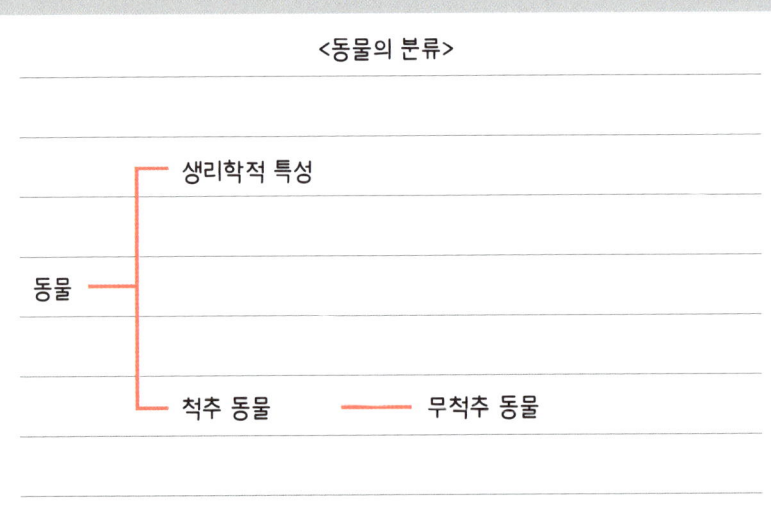

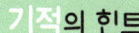의 힌트

1. 이 글에 적합한 제목은 무엇일까?

2. 빠진 핵심 개념이 없는지 다시 한 번 살펴보자.

3. 큰 개념 속에 작은 개념이 잘 포함되어 있도록 정보의 구조가 잘 짜여져 있어?

4. 세부 내용을 채워넣을 때는 : 표시를 사용해보자.

5. 다 했거나 잘 모르겠다면 책 뒤에 있는 기적이의 노트를 참고해보자.

7 체계적으로 정리하기

 앞 장에서는 이 글을 브레이스 맵으로 정리했습니다. 이번에는 개요 구조로 정리해봅시다.

한글은 세종대왕이 만든 과학적이고 체계적인 문자입니다. 당시 한자는 배우기 어려워서 대부분의 백성들은 글을 읽고 쓸 수 없었습니다. 그래서 세종대왕은 누구나 쉽게 배울 수 있는 새로운 문자 체계인 한글을 만들었습니다.

한글의 자음은 혀, 입술, 목구멍의 모양을 따라 ㄱ, ㄴ, ㅁ, ㅅ, ㅇ의 기본 자음을 만들고, 여기에 획을 추가하며 소리가 세지는 원리를 적용해서 다른 자음 ㄷ, ㄹ, ㅂ, ㅈ, ㅊ, ㅋ, ㅌ, ㅍ, ㅎ를 만들었습니다. 뿐만 아니라 소리의 강약을 조절하고 세밀한 발음을 표현하기 위해 복합 자음인 ㄲ, ㄸ, ㅃ, ㅆ, ㅉ을 만들었습니다.

모음은 하늘을 나타내는 'ㆍ', 땅을 나타내는 'ㅡ', 인간을 나타내는 'ㅣ'의 세 가지 기본 모양에서 출발하여, 이들을 조합해 다른 모음들을 만들었습니다. 모음은 ㅏ, ㅓ, ㅗ, ㅜ, ㅡ, ㅣ의 단모음과 ㅑ, ㅕ, ㅛ, ㅠ, ㅐ, ㅒ, ㅔ, ㅖ, ㅘ, ㅙ, ㅚ, ㅝ, ㅞ, ㅟ, ㅢ의 이중 모음이 있습니다.

✦ 기적의 레슨

개요 구조가 뭐야?

개요 구조(Outline)는 정보를 정리하는 방법 중 하나로, 큰 주제에서 시작해 점점 작은 주제로 나누는 방식이야. 처음에는 가장 중요한 주제를 적고, 그 아래에 관련된 하위 주제를 나열해. 각 하위 주제는 다시 세부 사항으로 나눌 수 있어.

이렇게 하면 정보가 체계적으로 정리되어 복잡한 내용을 쉽게 이해할 수 있어. 필요한 정보를 빠르게 찾는 데도 도움이 되지. 개요 구조는 보고서나 글을 쓸 때 유용하며, 생각을 논리적으로 정리할 수 있게 해줘. 그래서 많은 사람들이 개요 구조를 사용해서 글을 작성한단다.

 브레이스 맵을 쓰면 되는데 왜 개요 구조를 배워야 해?

필기를 하다 보면 큰 개념 안에 작은 개념이 많이 포함되거나, 역사적 사건처럼 순서가 중요한 경우가 많아.

이런 경우 브레이스 맵으로 정리하는 것이 어려울 수 있지. 이럴 때는 보다 쉽게 정보를 체계적으로 정리할 수 있는 개요 구조를 사용하는거야.

 아하, 그렇구나!

기적의 레슨

정보를 체계적으로 정리하려면?

정보를 체계적으로 정리한다는 것은 정보를 논리적이고 일관되게 배열하여 쉽게 이해할 수 있도록 하는 거야. 그래서 개요 구조에서 숫자와 기호는 매우 중요해. 예를 들어 정보 앞에 1, 2, 3 같은 숫자를 적으면 그 정보의 순서나 중요도를 나타낼 수 있어.

필기에 사용할 숫자와 기호는 여러 가지 형태가 있는데, 예를 들어 1, 1), (1), ① 등이 있어. 어떤 숫자와 기호를 사용할지는 네가 결정하면 돼. 중요한 점은 한 번 규칙을 정했다면 최대한 그 규칙을 지키는 거야. 숫자 체계를 자주 바꾸면 혼란스러울 수 있으니 일관성을 유지하는 것이 중요해.

기적의 꿀팁

공공기관에서 사용하는 숫자와 기호의 순서는 다음과 같아.

> 1. 아라비아 숫자
> 가. 한글
>   1) 반괄호
>   가) 반괄호 한글
>   (1) 괄호
>   (가) 괄호 한글

내가 추천하는 숫자와 기호의 순서는 다음과 같아. 개념이 더 작아질수록 숫자를 감싸는 테두리가 넓어지는 방식이야.

> 1. 아라비아 숫자
> 1) 반괄호
>   (1) 괄호
>   원문자

<과학적이고 체계적인 한글>

1. 자음
   - 혀, 입술, 목구멍의 모양을 따서 만듦
   1) 기본 자음: ㄱ, ㄴ, ㅁ, ㅅ, ㅇ(5개)
                : ㄷ, ㄹ, ㅂ, ㅈ, ㅊ, ㅋ, ㅌ, ㅍ, ㅎ(9개)
   2) 복합 자음: : ㄲ, ㄸ, ㅃ, ㅆ, ㅉ(5개)

2. 모음
   - 하늘(·), 땅(ㅡ), 사람(ㅣ)의 모양 조합
   1) 단모음: ㅏ, ㅓ, ㅗ, ㅜ, ㅡ, ㅣ(6개)
   2) 이중 모음: ㅑ, ㅕ, ㅛ, ㅠ, ㅐ, ㅒ, ㅔ, ㅖ, ㅘ, ㅙ, ㅚ, ㅝ, ㅞ, ㅟ, ㅢ (15개)

 엣헴! 나는 이렇게 노트 정리를 해보았어.

다음 정보를 여러분만의 숫자와 기호 순서 체계로 정리해 보세요.

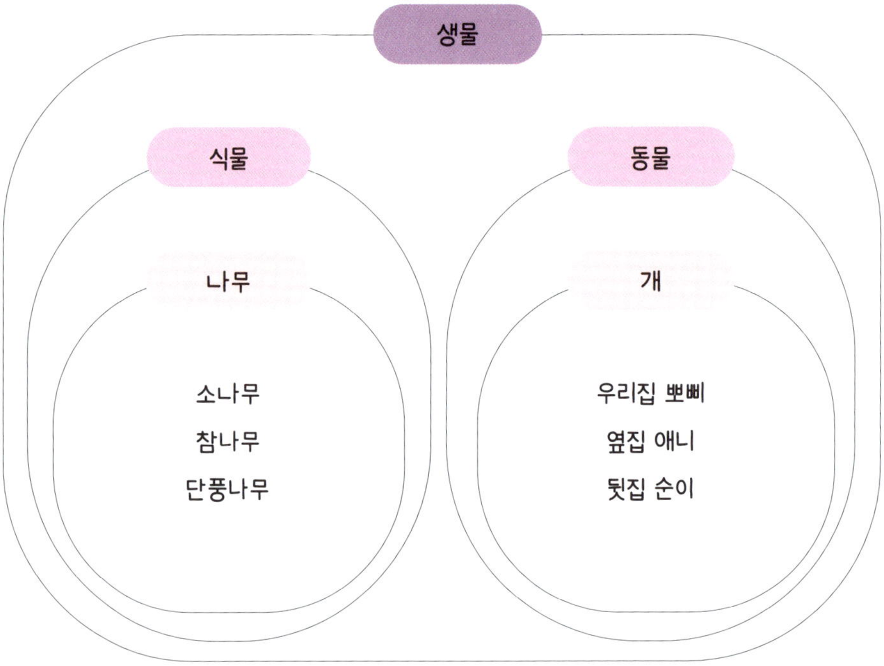

생물

식물

동물

나무

개

소나무
참나무
단풍나무

우리집 뽀삐
옆집 애니
뒷집 순이

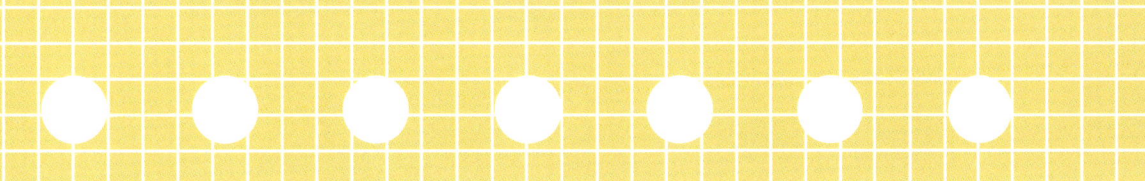

다음의 노트 정리는 잘못되었습니다. 아래의 힌트를 참고해서 옆 쪽에 올바르게 수정해주세요.

소설은 작가의 상상력이나 실제 사건을 바탕으로 만든 이야기를 말합니다. 소설은 다양한 기준으로 여러 종류로 나눌 수 있습니다. 먼저 길이에 따라 단편, 중편, 장편 소설로 나눌 수 있습니다. 내용에 따라서는 과학 소설, 역사 소설, 추리 소설 등으로 나눌 수 있습니다.

<재미있는 소설>

소설의 종류

길이에 따라: 단편, 중편, 장편

과학소설: 역사 소설, 추리 소설 등

기적의 힌트

1. 핵심 개념은 잘 찾았니?

2. 숫자 체계는 제대로 사용했어?

3. 큰 개념 아래 작은 개념을 잘 배치했나 확인해봐.

4. 다 했거나 잘 모르겠다면 책 뒤에 있는 기적이의 노트를 참고해보자.

8 줄 바꿈과 들여쓰기

 이 음료수의 라벨에는 어떤 정보들이 있나요?

· 제품명: 마시쮸 레몬에이드 · 내용량: 400ml
· 원재료명: 정제수, 설탕, 레몬 농축액(레몬 100%, 국내산) · 제조원: (주)마시쮸 식품
· 유통기한: 2025년 1월 1일까지 · 보관 시 유의사항: 1. 직사광선을 피해 서늘한 곳에 보관해주십시오. 2. 개봉 후에는 냉장 보관하고, 가능한 빨리 마시십시오. · 부정, 불량식품 신고는 국번없이 1399

✦ 기적의 레슨

줄 바꿈과 들여쓰기가 뭐야?

이렇게
필요한 곳에서
다른 줄로 넘어가서 쓰는 것을
==줄 바꿈==이라고 하고,
　　　이렇게
　　　　몇 칸씩 띄어서 쓰는 것을
　　==들여쓰기==라고 해.

마시쥬 레몬에이드, 맛있겠다아..

앗, 아니지!
음료수를 마시다 보면 라벨에 적힌 글을 본 적이 있을 거야. 좁은 공간에 많은 정보를 담다 보니 읽기 쉽지는 않지. 여기에는 어떤 정보들이 있을까?

마시쥬 식품에서 만들었고... 보관할 때 조심해야 할 점이랑...또.. 뭔가 많이 적혀 있는데 읽기가 쉽지 않네?

그렇지?

여기 있는 정보를 좀 더 알아보기 쉽게 노트에 옮겨 적어보자. 그러면 왜 줄을 바꿔 쓰고 들여쓰기를 해야 하는지 알 수 있을 거야.

1

 이 라벨을 보면 7가지 종류의 정보가 있어.
: 제품명, 내용량, 원재료명, 제조원, 유통기한, 보관 시 유의 사항, 부정·불량 식품 신고

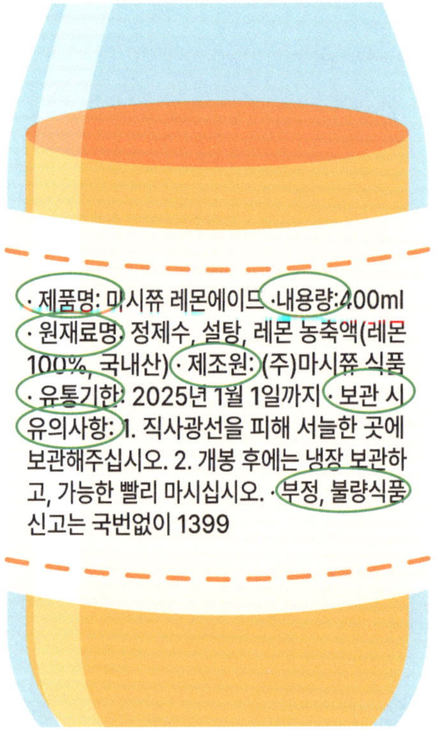

·제품명: 마시쥬 레몬에이드 ·내용량: 400ml
·원재료명: 정제수, 설탕, 레몬 농축액(레몬 100%, 국내산) ·제조원: (주)마시쥬 식품
·유통기한: 2025년 1월 1일까지 ·보관 시 유의사항: 1. 직사광선을 피해 서늘한 곳에 보관해주십시오. 2. 개봉 후에는 냉장 보관하고, 가능한 빨리 마시십시오. ·부정, 불량식품 신고는 국번없이 1399

2

라벨에 있는 7가지 종류의 정보를 숫자와 기호를 사용해서 정리해볼게. 줄만 바꿔서 정리했는데도 한결 읽기 편하지?

<마시쮸 레몬에이드에 대한 정보>

1. 제품명: 마시쮸 레몬에이드

2. 내용량: 400ml

3. 원재료명: 정제수, 설탕, 레몬농축액(레몬 100%, 국내산)

4. 제조원: (주)마시쮸 식품

5. 유통기한: 2025년 1월 1일까지

6. 보관 시 유의사항:

1) 직사광선을 피해 서늘한 곳에 보관해 주십시오.

2) 개봉 후에는 냉장 보관하고, 가능한 빨리 마시십시오.

7. 부정, 불량식품 신고는 국번없이 1399

3

 들여쓰기를 사용하면 정보가 어디에 속하는지 한눈에 쉽게 알 수 있어.

<마시쮸 레몬에이드에 대한 정보>

1. 제품명: 마시쮸 레몬에이드

2. 내용량: 400ml

3. 원재료명

　: 정제수, 설탕, 레몬농축액(레몬 100%, 국내산)

4. 제조원: (주)마시쮸 식품

5. 유통기한: 2025년 1월 1일까지

6. 보관 시 유의사항:

　1) 직사광선을 피해 서늘한 곳에 보관해 주십시오.

　2) 개봉 후에는 냉장 보관하고, 가능한 빨리 마시십시오.

7. 부정, 불량식품 신고는 국번없이 1399

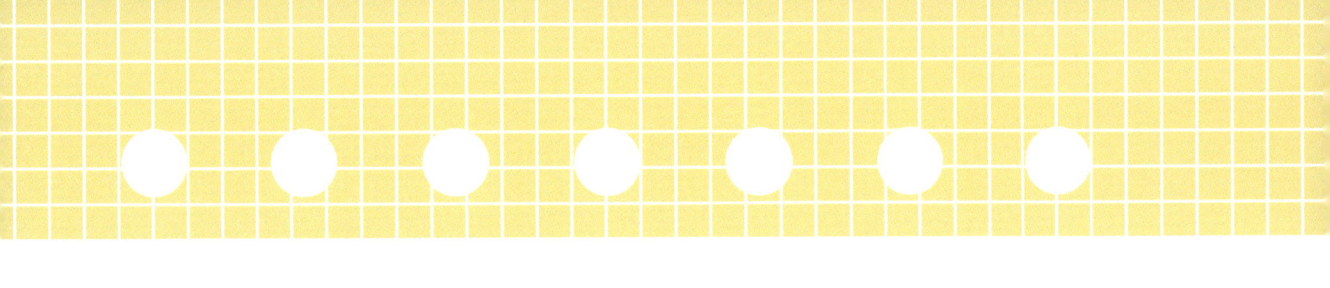

> **기적의 꿀팁**
> '원재료명'에서처럼 설명이나 목록이 길다면 줄을 바꿔서 따로 적으면 훨씬 알아보기 쉬워.

> 들여쓰기를 언제 사용해야 할지 모르겠다면 새로 시작하는 주제나 세부 사항이 있을 때마다 들여쓰기를 해봐.

> 같은 수준의 정보는 동일한 정도로 들여써줘. 옆을 보면 1, 2, 3번 항목도 일관된 간격만큼 들여썼고, 1), 2)번 항목 역시 같은 정도로 들여썼지?

다음의 노트 정리는 잘못되었습니다. 아래의 힌트를 참고해서 옆 쪽에 올바르게 수정해주세요.

<삼국시대 정리>

1. 고구려

　1) 특징: 강력한 군사력, 넓은 영토

　　　2) 전성기: 광개토대왕, 장수왕

2. 백제

　1) 특징: 예술 발달, 일본과 교류

　2) 전성기: 근초고왕

　　　3) 신라

　　　　(1) 특징: 화랑도, 불고 예술

　2) 전성기: 진흥왕

기적의 힌트

1. 같은 수준의 개념은 동일한 숫자 체계를 사용해야 해. 그리고 같은 숫자 체계를 사용한 경우, 동일한 정도로 들여쓰기 해야 해.

2. 다 했거나 잘 모르겠다면 책 뒤에 있는 기적이의 노트를 참고해보자.

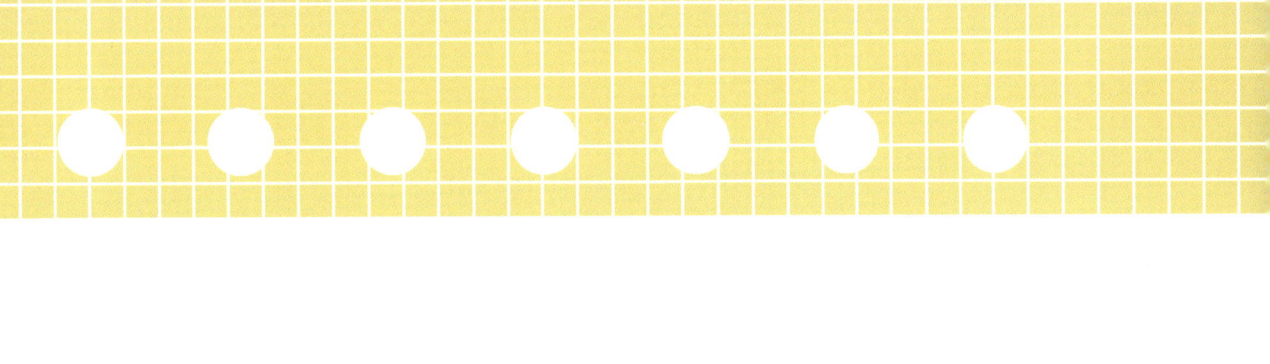

너두 잘 할 수 있어! 힘내!

9 종합연습

 다음의 내용을 읽고 지시에 따라 노트에 정리해 보세요.

늑대가 나타났다는 거짓말을 계속 해서 정말 늑대가 나타났을 때 마을 사람들의 도움을 받지 못한 양치기 소년, 자신이 당연히 이길 것이라고 믿고 낮잠을 자는 바람에 거북이에게 달리기 시합에서 진 토끼. 이솝 이야기는 다양한 교훈과 지혜를 담은 고대 그리스의 이야기입니다.

이솝 이야기는 몇 가지 유형으로 나눌 수 있습니다. 첫째, 지혜와 기지를 통해 어려움을 극복하는 이야기입니다. 나뭇가지 하나는 쉽게 부러뜨릴 수 있지만 나뭇가지 한 묶음은 부러뜨리기 어렵다는 것을 통해 세 아들들이 똘똘 뭉쳐 살게끔 한 아버지의 이야기처럼 말입니다.

둘째, 어리석은 행동을 비판하며 교훈을 주는 이야기입니다. 솜뭉치를 지고 가다가 꾀를 내어 물에 빠지는 바람에 더 무거워진 솜을 옮겨야 했던 당나귀의 이야기와 같은 이야기들이지요.

셋째, 웃음으로 사람들의 잘못을 풍자하는 이야기도 있습니다. 평소 덩치를 믿고 으스대던 올리브 나무가 세찬 바람에 꺾이고, 볼품없는 갈대는 살아남은 이야기처럼 말이지요.

이러한 이야기들은 오랜 세월 동안 사람들에게 전해져 내려오며 각기 다른 문화와 시대에 맞게 변형되어 왔습니다. 하지만 이야기 속에 값진 교훈은 계속 유지되어 내려오고 있답니다.

기적의 연습

1. 글 옆의 여백에 문단을 표시해봐.

2. 핵심 개념을 찾아 동그라미 그려줘.

3. 각 문단에는 하나의 중심 문장이 있어. 중심 문장에 밑줄을 그어봐. 중심 문장이 없다면 단어를 조합해서 중심 내용을 문단 표시 옆에 적어줘.

4. 숫자와 기호를 이용해서 아래의 노트에 정보를 옮겨 적어보자.

5. 줄 바꿈은 잘 되었니?

6. 들여쓰기는 잘 했어?

7. 다 했거나 잘 모르겠다면 책 뒤에 있는 기적이의 노트를 참고해보자.

이번에는 힌트 없이 자신만의 힘으로 도전해봅시다. 다음의 내용을 읽고 옆장의 노트에 필기해 보세요.

좌뇌와 우뇌가 다른 역할을 한다는 오랜 믿음은 최근 들어서 과학적 근거가 부족하다는 것이 밝혀지고 있습니다. 전통적으로 좌뇌는 언어를 이해하고 말하거나 수학 문제를 푸는 것처럼 논리적이고 분석적인 사고 활동을 담당한다고 생각했습니다. 그래서 사람들은 분석적이고 논리적인 사람은 '좌뇌형'으로 좌뇌가 발달했을 것이라고 생각했습니다.

반면에 우뇌는 그림을 그리거나 음악을 만드는 것처럼 창의적인 활동과 상상력, 감정 표현을 담당하는 것으로 생각했습니다. 그래서 창의적이고 예술적인 감성을 가진 사람을 '우뇌형'이라고 생각했지요.

하지만 최근의 뇌과학 연구들은 뇌의 양쪽이 서로 긴밀하게 연결되어 있고, 복잡한 일을 처리할 때는 뇌 전체가 협력하는 것을 밝혀냈습니다. 예를 들어 어떤 말을 듣고 이해한 뒤 응답을 할 때는 좌뇌의 언어 기능과 우뇌의 감정 기능이 모두 필요합니다.

그러므로 '좌뇌형'이나 '우뇌형' 인간이라는 개념은 개인의 성향이나 능력을 단순하게 설명하는 잘못된 분류입니다. 개인의 능력과 특성은 뇌의 한쪽 부분이 다른 부분보다 우월하다는 것이 아니라, 뇌 전체의 복잡한 상호작용과 개인의 경험, 환경에 의해 형성되는 것이기 때문입니다.

세 번째 단계
효과적인 정리 방법
어떻게 적어야 할까

10. 순서, 원인과 결과
11. 공통점과 차이점
12. 분류하기

10 순서, 원인과 결과

 다음 내용을 플로우 차트 형식으로 노트에 정리해 봅시다.

화분에 해바라기 씨앗을 심어봅시다. 먼저, 적당한 크기의 화분을 선택하고 배수가 잘 되는 흙을 준비하세요. 화분 바닥에 자갈이나 부서진 도자기 조각을 깔아 물 빠짐을 좋게 해주고, 그 위에 흙을 채워넣습니다. 씨앗을 심을 때는 씨앗 크기의 약 세 배 깊이로 심어주는 것이 좋습니다. 씨앗을 심은 후에는 흙으로 가볍게 덮어주고, 물을 충분히 주되 씨앗이 떠오르지 않도록 조심해야 합니다. 마지막으로 화분을 햇볕이 잘 드는 곳에 두고, 흙이 마르지 않도록 주의하면서 관리하면 됩니다.

✦ 기적의 레슨

플로우 차트가 뭐야?

플로우 차트(Flow chart)는 일을 처리할 때 각 단계를 쉽게 이해할 수 있도록 도와주는 그림이야. 일반적으로 도형을 사용해 각 단계나 결정을 표시하고, 화살표로 이 도형들을 연결하여 일의 순서를 나타내. 예를 들어, 작업의 시작과 끝은 타원형이나 원형으로, 중간 단계나 결정 지점은 사각형이나 다이아몬드로 표시하지.

그러나 복잡한 규칙 대신 간단한 도형과 연결 방식만으로도 효과적으로 노트를 정리할 수 있어. 핵심 내용을 네모 안에 적고, 화살표로 연결하는 것만으로도 순서나 원인과 결과를 한눈에 파악할 수 있기 때문이야.

이 글은 개요 구조로 정리해도 되지 않아?
1, 2, 3 이렇게 번호를 매겨서 말이야.

하하. 기필이 너 많이 늘었구나!

그런데 좀 더 직관적으로 정리할 수 있는 방법이 있어.
바로 화살표를 사용하는 것이지.

화살표?
→, ←, ↑, ↓ 이런 화살표를 말하는 기야?

이 방법으로 어떤 정보를 어떻게 정리할 수 있지? ;;

개요 구조로 정리

<화분에 해바라기 씨앗을 심는 방법>

1. 적당한 크기의 화분과 흙 준비
2. 화분 바닥에 자갈이나 도자기 조각 깔기: 물 빠짐 때문
3. 화분에 흙 채워넣기
4. 씨앗 크기의 약 세 배 깊이로 구멍을 파기
5. 씨앗을 넣고 흙으로 가볍게 덮기
6. 물 충분히 주기: 씨앗이 떠오르지 않도록 조심
7. 햇볕이 잘 드는 곳에 화분 옮기기
8. 흙이 마르지 않도록 관리

플로우 차트로 정리

<화분에 해바라기 씨앗을 심는 방법>

화분과 흙 준비 → 화분 바닥에 자갈이나 도자기 깔기 → 흙 채우기

→ 구멍 파기 : 씨앗 크기의 약 세 배 깊이 → 씨앗을 넣고 흙으로 덮기 → 물 주기

→ 볕 좋은 곳으로 화분 옮기기 → 흙이 마르지 않게 관리 잘하기

앞 장의 글을 개요 구조와 플로우 차트로 정리해보았어.
어때, 차이점이 느껴지니?

다음 내용을 플로우 차트 형식으로 노트에 정리해 봅시다.

핫케이크 만드는 방법

1. 핫케이크 믹스에 계란과 우유를 넣습니다.
2. 프라이팬을 달군 다음 오일을 살짝 두르고 닦아냅니다.
3. 핫케이크 반죽을 떠서 프라이팬에 둥글게 얹습니다.
4. 반죽이 익기 시작하면 기포가 올라오는 것을 볼 수 있는데, 이 기포들이 구멍이 되어 터지기 시작할 때 뒤집습니다.
5. 완성된 핫케이크를 접시에 옮기고 취향에 따라 아이스크림이나 메이플 시럽을 함께 곁들여 먹습니다.

기적의 힌트

1. 어렵게 생각하지 말고, 우선 글을 쓸 네모를 그려보자.
2. 네모 안에 각 단계의 핵심 내용을 간단한 단어로 요약해 보자.
3. 네모와 네모를 화살표로 연결해봐. 그럼 완성!
4. 다 했거나 잘 모르겠다면 책 뒤에 있는 기적이의 노트를 참고해보자.

이번에는 힌트 없이 자신만의 힘으로 도전해봅시다. 다음의 내용을 읽고 옆장의 노트에 플로우 차트를 그려 보세요.

콜라병을 흔들고 뚜껑을 열면 콜라가 폭발하는 이유는 탄산가스 때문입니다. 콜라에는 이산화탄소라는 기체가 녹아 있어 작은 거품 형태로 음료 속에 들어 있습니다. 평소에는 이 기체가 콜라에 잘 녹아 있어 조용히 있지만, 병을 흔들면 상황이 달라지게 됩니다.

콜라병을 흔들게 되면 병 안에 있는 탄산가스가 작은 기포를 만들어 액체 속에서 빠져나오려 합니다. 흔드는 동안 이 기포들이 점점 많아지고 커지면서 액체 곳곳에 퍼지게 됩니다. 이렇게 기포가 많이 생기면 병 속의 압력이 높아지고, 기포들이 한꺼번에 위로 올라오려는 현상이 발생합니다.

이 상태에서 뚜껑을 열면, 병 안의 높은 압력 때문에 기포들이 갑자기 콜라 밖으로 빠져나가려고 합니다. 이로 인해 콜라가 한꺼번에 분출되면서 폭발하는 것처럼 보이는 것입니다. 결국 콜라의 탄산가스가 빠르게 나가려는 움직임 때문에 콜라가 터지는 현상이 일어나는 것입니다.

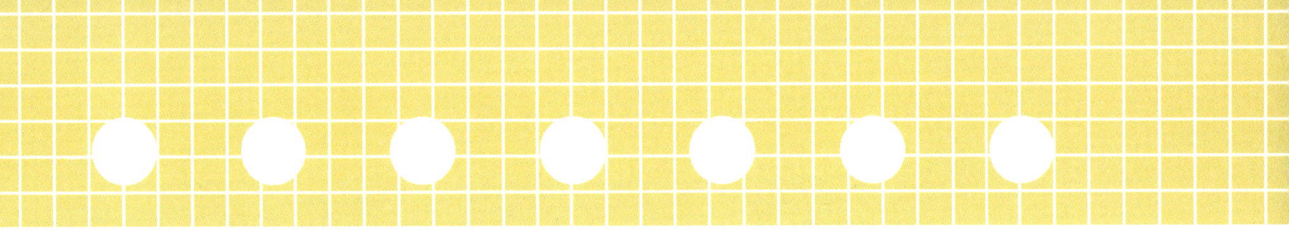

11 공통점과 차이점

 다음 내용을 벤다이어그램 형식으로 노트에 정리해 봅시다.

　모든 개는 늑대의 친척입니다. 개와 늑대의 유전자는 99.96% 일치할 정도이니까요. 하지만 0.04%의 유전자가 개와 늑대를 다르게 만들었습니다.
　개와 늑대는 털로 덮여있는 몸과 세모난 귀, 앞으로 튀어나온 코와 입까지 정말 비슷한 생김새를 가지고 있습니다. 시베리안 허스키, 말라뮤트와 같은 개는 언뜻 봐서는 늑대인 줄 착각할 정도이니까요. 하지만 늑대는 개보다 크고 압도적으로 강한 힘을 가지고 있습니다. 예를 들면 개와 늑대의 이빨 개수는 똑같이 42개이지만, 늑대의 물어뜯는 힘은 개의 2배를 넘습니다.
　개는 인간과 함께 살면서 곡물을 먹을 수 있는 잡식성으로 진화했습니다. 그래서 개가 고구마를 먹어도 소화를 시킬 수 있는 것입니다. 반면 늑대는 고기만 먹는 육식동물입니다. 늑대의 위장은 생고기를 잘 분해할 수 있도록 진화했습니다.
　어떤 문제가 닥치면 개는 사람에게 도움을 요청합니다. 사람들이 개를 키우고 보호하고 번식시키면서 사람에게 의존하게 되었기 때문입니다. 늑대에게 문제가 닥치면 스스로 문제를 해결하기 위해 노력하거나, 동료 늑대와 협력합니다.

✦ 기적의 레슨

벤다이어그램이 뭐야?

벤다이어그램(Venn diagram)은 두 개 이상의 집합 간의 관계를 단순하게 시각적으로 보여주는 도구야. 보통 원을 살짝 겹치게 그려서 하나의 원이 하나의 집합을 나타내지. 예를 들어, 한 원은 사과를 좋아하는 사람들, 다른 원은 오렌지를 좋아하는 사람들을 나타낸다면, 두 원이 겹치는 부분은 사과와 오렌지를 모두 좋아하는 사람들을 의미하겠지?
　이처럼 벤다이어그램은 다양한 옵션이나 조건을 정리하고 비교하는 데 유용하여, 문제 해결에 자주 사용돼. 이제 벤다이어그램을 사용해 공통점과 차이점을 쉽게 정리하는 방법을 연습해보자.

벤다이어그램? 이거 수학에서 사용하는 거 아니야?

맞아, 벤다이어그램은 수학에서 사용하는 도구야. 하지만 노트 정리에도 매우 유용하게 쓸 수 있어.
이번 장에서는 벤다이어그램뿐만 아니라 표로 정리하는 방법도 함께 연습해보자.

공통점과 차이점을 비교할 수 있는 다양한 방법을 연습하자는 거지? 벤다이어그램과 표, 두 가지 방법 모두 정말 유용하게 쓸 수 있겠네! 이번에도 열심히 공부할게!

개요 구조로 정리

<개와 늑대의 비슷한 점과 차이점>

1. 비슷한 점

  1) 생김새: 털로 덮여 있는 몸, 세모난 귀, 앞으로 튀어나온 코와 입 등

2. 차이점

  1) 힘: 개 < 늑대

    - 늑대의 물어뜯는 힘은 개의 2배 이상

  2) 식성

    - 개: 잡식성

    - 늑대: 육식성

  3) 사람에 대한 의존성

    - 개: 있음

    - 늑대: 없음

기적의 꿀팁

추가로 설명을 해야할 항목이 있을 경우 : 이나 - 표시를 이용하면 쉽게 정리할 수 있어.

< 이나 = 같은 수학 기호를 사용하면 글을 많이 쓰지 않고도 개념을 효과적으로 전달할 수 있어.

표로 정리

<개와 늑대의 비슷한 점과 차이점>

1. 비슷한 점

   1) 생김새: 털로 덮여 있는 몸, 세모난 귀, 앞으로 튀어나온 코와 입 등

2. 차이점

	개	늑대
힘	상대적으로 약함	개의 2배 이상 셈
식성	잡식성	육식성
사람에 대한 의존성	있음	없음

✦ 가장 핵심이 되는 주제인 개와 늑대를 표의 가장 윗 칸(노란색)에 적으면 정리가 훨씬 쉬워.

✦ 1), 2) 옆에 쓴 소제목을 표의 가장 왼쪽 칸(초록색)에 적으면 정리가 훨씬 쉬워.

벤다이어그램으로 정리

<개와 늑대의 비슷한 점과 차이점>

개
- 상대적으로 작은 체격과 힘
- 잡식성
- 사람에게 의존

생김새

늑대
- 상대적으로 큰 체격과 힘
- 육식성
- 독립적
- 동료 늑대와 협동

기적의 꿀팁

가장 핵심이 되는 주제인 개와 늑대를 각각 벤다이어그램의 동그라미 제목으로 적어줘.

공통점은 두 동그라미가 겹치는 곳에 적고, 차이점은 동그라미의 나머지 부분에 적어줘.

콩쥐와 신데렐라를 비교하는 표를 작성한 후, 벤다이어그램 형식으로 노트에 정리해 보세요.

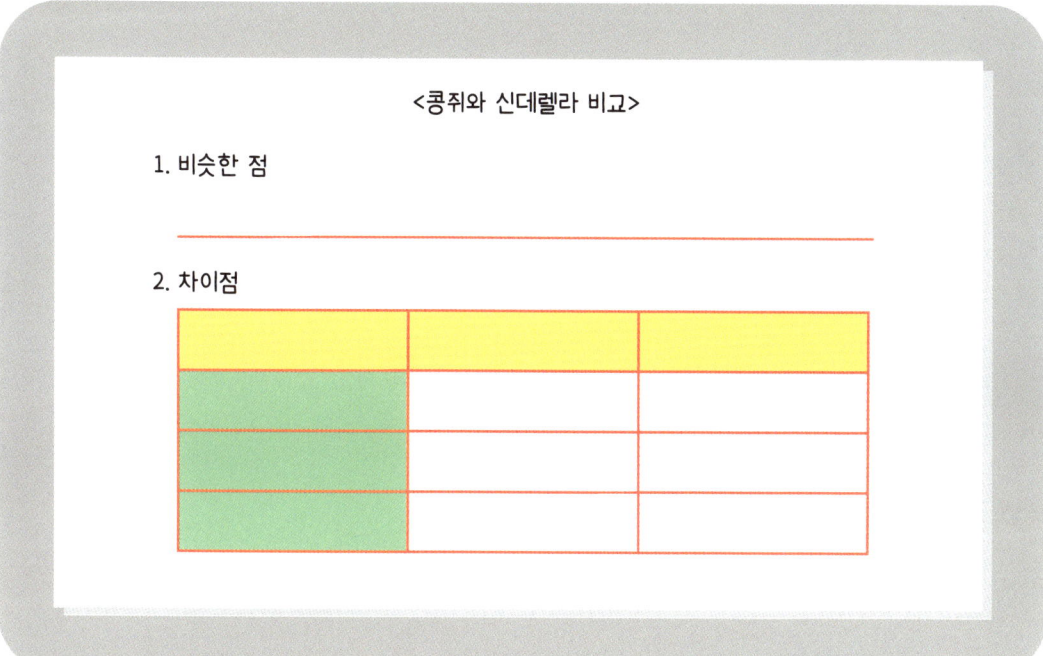

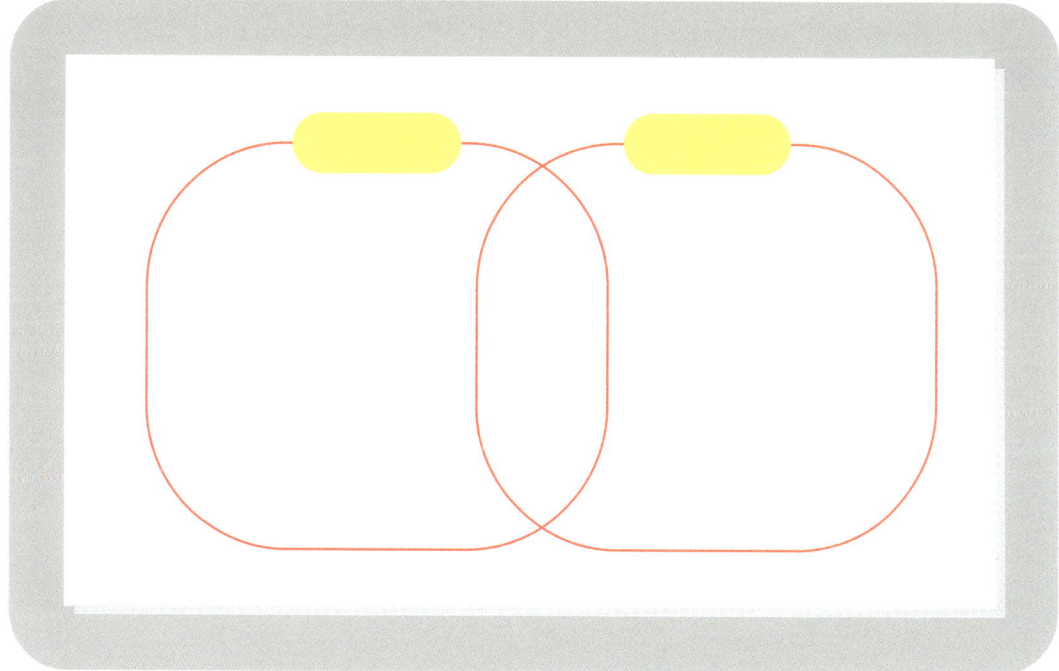

12 분류하기

 다음 내용을 마인드 맵 형식으로 노트에 정리해 봅시다.

제주도는 아름다움과 다양성으로 유명하며, 각 지역마다 독특한 매력을 지니고 있습니다. 동부 지역은 해변과 오름이 조화를 이루는 곳으로, 특히 함덕 해수욕장과 성산일출봉이 유명합니다.

서부 지역은 일몰을 감상할 수 있는 장소가 많고, 해안 도로가 발달해 있어 드라이브하기 좋습니다. 특히 애월 해안도로는 자전거 전용도로와 도보길이 잘 갖추어져 있어 여행자들에게 인기가 많습니다.

남부 지역은 아름다운 해안선과 자연 경관, 역사적인 명소로 유명합니다. 쇠소깍에서는 다양한 레저 활동을 즐길 수 있으며, 제주민속촌에서는 전통 문화를 체험할 수 있습니다.

북부 지역은 제주시와 인접해 있어 접근성이 좋고, 이호테우해변이나 사려니 숲길과 같은 자연 명소가 많습니다. 각 지역의 특색 있는 관광지들은 제주도를 방문하는 이들에게 잊지 못할 추억을 선사합니다.

기적의 레슨

마인드 맵이 뭐야?

마인드 맵(Mind map)은 정보를 쉽게 정리하고 이해할 수 있도록 도와주는 그림이야. 가운데에 주제를 적고, 거기서 나오는 관련된 생각이나 아이디어를 가지처럼 뻗어나가게 그리는 거지. 예를 들어, '여름'이라는 주제를 가운데에 적고, 거기서 '해변', '수박' 같은 관련 단어들을 선으로 연결해서 표현할 수 있어.

마인드 맵은 공부나 노트 정리할 때도 정말 유용해. 긴 글이나 복잡한 내용을 마인드 맵으로 만들면, 중요한 내용을 빠르게 이해할 수 있거든. 새로운 아이디어가 필요할 때도 마인드 맵을 사용하면 생각이 더 잘 떠오를 수 있지.

기적아, 이거 개요 구조랑 브레이스 맵으로 정리할 수 있을 것 같아!

하하! 정말 대단한걸?

맞아, 노트 정리에는 정해진 답이 없어. 나에게 가장 잘 맞는 방법을 찾는 것이 중요해.

엣헴!

그리고 난 이제 네가 제주도에 대한 글을 개요 구조, 브레이스 맵, 마인드 맵 형식으로 노트에 정리해보라고 할 거라는 것도 잘 알고 있지.

개요 구조로 정리

<제주도 소개하기>

1. 동부 지역

    1) 특징: 해변과 오름의 조화

    2) 대표적 관광명소: 함덕 해수욕장, 성산일출봉

2. 서부 지역

    1) 특징:

       - 일몰을 감상할 수 있는 장소 많음

       - 해안 도로가 발달해서 드라이브 하기 좋음

    2) 대표적 관광명소: 애월 해안도로

3. 남부 지역

    1) 특징:

       - 아름다운 해안선과 자연 경관

       - 역사적인 명소

    2) 대표적 관광명소: 쇠소깍, 제주민속촌

4. 북부 지역

    1) 특징:

       - 제주시와 인접해 있어서 접근성이 좋음

       - 자연 명소가 많음

    2) 대표적 관광명소: 이호테우해변, 사려니 숲길

브레이스 맵으로 정리

<제주도 소개하기>

- 동부 지역
  - 특징: 해변과 오름의 조화
  - 대표적 관광명소: 함덕 해수욕장, 성산일출봉
- 서부 지역
  - 특징: 일몰을 감상할 수 있는 장소 많음
    해안 도로가 발달해서 드라이브 하기 좋음
  - 대표적 관광명소: 애월 해안도로
- 남부 지역
  - 특징: 아름다운 해안선과 자연 경관
    역사적인 명소
  - 대표적 관광명소: 쇠소깍, 제주민속촌
- 북부 지역
  - 특징: 제주시와 인접해 있어서 접근성이 좋음
    자연 명소가 많음
  - 대표적 관광명소: 이호테우해변, 사려니 숲길

마인드 맵으로 정리

- 동부 지역
  - 특징: 해변과 오름의 조화
  - 관광명소: 함덕 해수욕장, 성산일출봉
- 서부 지역
  - 특징: 일몰을 감상할 수 있는 장소 많음 / 해안 도로가 발달해서 드라이브 하기 좋음
  - 관광명소: 애월 해안도로

'우리 엄마'라는 주제로 마인드 맵을 그려봅시다.

| 기적의 꿀팁 | 마인드 맵을 예쁘게 꾸미려고 하지 않아도 돼. 마인드 맵은 생각을 정리하는 도구이니, 자유롭게 그리는 게 더 좋아. |

다음의 내용을 읽고 옆장의 노트에 마인드 맵을 그려 보세요.

삼각형은 변의 길이와 각도에 따라 여러 종류로 나눌 수 있습니다. 변의 길이에 따라서는 이등변삼각형과 정삼각형으로 구분됩니다. 두 변의 길이가 같으면 '이등변삼각형', 모든 변의 길이가 같으면 '정삼각형'이라고 합니다.
각도에 따라서는 직각삼각형, 둔각삼각형, 예각삼각형으로 나뉩니다. 한 각이 90도인 삼각형을 '직각삼각형', 한 각이 90도보다 큰 삼각형을 '둔각삼각형', 모든 각이 90도보다 작은 삼각형을 '예각삼각형'이라고 합니다.

기적의 힌트

1. 노트 가운데 동그라미를 그린 후, 그 안에 중심 주제를 적어봐.
2. 또 다른 동그라미를 그려서 그 안에 소제목이나 핵심 개념을 적어.
3. 세부 내용이 있다면 추가해주고, 동그라미들 사이를 화살표로 연결해보자.
4. 다 했거나 잘 모르겠다면 책 뒤에 있는 기적이의 노트를 참고해보자.

네 번째 단계
레벨업 꿀팁
이것만 알아도 필기 고수

13. 색을 사용하자
14. 그림을 활용하자
15. 포스트잇을 활용하자

13 색을 사용하자

 다음 내용을 노트에 정리해 봅시다.

　빨간색은 강렬하고 역동적인 색으로, 다양한 의미를 지니고 있습니다. 우리 몸 속에는 붉은 피가 흐르기 때문에, 거의 모든 문화에서 빨간색은 생명력과 관련된 의미를 가지고 있습니다.
　빨간색은 또한 활력, 열정, 사랑을 표현하는 데 사용됩니다. 예를 들어, 사랑하는 사람에게 선물하는 빨간 장미나 스포츠 경기에서 붉은 유니폼을 입는 경우가 그 예입니다. 이처럼 빨간색은 강렬한 에너지를 나타냅니다.
　또한, 빨간색은 눈에 잘 띄어 주의를 끌고 긴급 상황에서 경각심을 불러일으키는 데 효과적입니다. 이로 인해 빨간색은 경고, 위험, 금지의 의미를 담고 있으며, 경고 표지판이나 위험 구역의 표지에서 자주 사용됩니다.

기적의 레슨

여러 가지 색을 쓰면 뭐가 좋아?

노트를 정리할 때 여러 가지 색을 사용하면 정보를 더 쉽게 구분하고 기억할 수 있어. 예를 들어 검은색 글씨 위에 형광펜으로 표시한 부분이 있으면 그 부분이 더 눈에 잘 들어오지? 형광펜으로 강조한 덕분에 무의식적으로 그 내용이 중요하다고 인식하게 돼.

또한 색을 사용할 때 일정한 규칙을 정해 일관되게 사용하면 나중에 복습할 때 더 쉽게 정보를 찾을 수 있어. 예를 들어 중요한 개념을 항상 빨간색으로 표시한다면, 급할 때 빨간색 부분만 빠르게 찾아볼 수 있겠지.

이번 장을 통해 너만의 색깔 코드를 만들어보자.

 기적의 꿀팁
너무 많은 색을 사용하면 오히려 혼란스러울 수 있어. 그러니까 2-3가지 색만 적절히 활용하자.

기본적으로 글씨는 검은색으로 쓰고, 다른 색은 다음과 같이 사용해봐.

- 파란색: 보충 설명을 할 때, 화살표와 함께 사용하면 어떤 개념을 보충하는지 쉽게 알 수 있어.

- 빨간색, 형광펜: 중요한 내용을 쓸 때나 강조할 때 사용해.

 색을 너무 많이 쓰지 않기, 일관되게 쓰기! 알았어!

1

 개요 구조로 정리부터 해보자.

<빨간색의 문화적 의미>

1. 생명력: 우리 몸 속 피와 관련

2. 강렬한 에너지: 활력, 열정, 사랑 등

   예) 사랑하는 사람에게 선물하는 빨간 장미

   스포츠 경기에서 붉은 색의 유니폼

3. 경고, 위험, 금지: 눈에 잘 띄고 주의를 끌어 경각심을 주기 때문

2

 중요한 부분은 빨간색으로 표시하고, 보충 설명은 파란색으로 정리하면 이렇게 돼.

<빨간색의 문화적 의미>

1. 생명력: 우리 몸 속 피와 관련

2. 강렬한 에너지: 활력, 열정, 사랑 등
   예) 사랑하는 사람에게 선물하는 빨간 장미
   　　스포츠 경기에서 붉은 색의 유니폼

3. 경고, 위험, 금지: 눈에 잘 띄고 주의를 끌어 경각심을 주기 때문

다음의 노트 정리는 잘못되었습니다. 아래의 힌트를 참고해서 옆 쪽에 올바르게 수정해주세요.

<엄마의 잔소리를 피하는 방법>

1. 문제 이해하기
   1) 잔소리의 원인
      - 관심과 걱정에서 비롯됨
      - 규칙이나 기대에 부응하지 않을 때 발생
   2) 자신의 행동 점검
      - 잔소리를 유발하는 행동이나 습관 확인

2. 효과적인 대응 전략
   1) 조언 요청
      - 문제 해결을 위한 구체적인 조언 요청
   2) 합의 도출
      - 상호 이해와 협상을 통해 합의점 찾기
      - 문제 해결 후 계속해서 개선 노력

기적의 힌트

1. 강조할 내용에 적절한 색을 사용했는지 확인했어? 색을 사용할 때 일관된 규칙을 적용했는지도 점검해보자.

2. 다 했거나 잘 모르겠다면 책 뒤에 있는 기적이의 노트를 참고해보자.

 너두 잘 할 수 있어! 힘내!

이번에는 힌트 없이 자신만의 힘으로 도전해봅시다. 다음의 내용을 읽고 옆장의 노트에 필기해 보세요.

지구는 남극과 북극을 잇는 선인 자전축을 중심으로 하루에 한 번 씩 서쪽에서 동쪽으로 회전합니다. 이것을 '자전'이라고 합니다. 만약 갑자기 지구가 자전하는 것을 멈춘다면 어떤 일이 일어날까요?

지구의 자전이 멈추면 아파트, 학교, 강물, 자동차 등 땅 위에 있는 모든 것이 엄청난 속도로 동쪽으로 날아갑니다. 마치 자동차가 갑자기 멈추면 몸이 앞으로 쏠리는 것처럼 말이지요. 지구가 멈춘 순간 땅 위에 멀쩡히 남아있는 것은 아무 것도 없을 것입니다.

밤과 낮은 지구가 자전을 하기 때문에 생깁니다. 하지만 지구가 자전을 멈춘다면 태양 주위를 도는 '공전' 때문에 밤과 낮이 생기게 됩니다. 지구가 태양의 주위를 도는데 1년이 걸립니다. 그렇다면 자전을 하지 않는 지구는 6개월에 한 번씩 밤과 낮이 바뀌게 될 것입니다.

6개월 내내 뜨거운 햇빛을 받는다면 어떻게 될까요? 쉴 새 없이 쏟아지는 햇빛을 받는 부분은 아주 뜨겁게 달궈질 것입니다. 반대쪽은 6개월 내내 기온이 낮아지겠지요. 어느 쪽이나 생명이 살기에 힘든 조건입니다.

지구의 자전이 멈추면 적도 부근의 바다가 북극이나 남극으로 이동하게 됩니다. 이 과정에서 전 세계의 해수면이 변화되며 많은 부분이 물에 잠기거나 해일을 경험하게 됩니다. 반대로 적도 지방과 열대 지방은 가뭄에 시달리게 되겠지요.

이 밖에 대기의 움직임이 변화한다거나 지구의 자기장이 약해지는 등 여러 가지 일이 발생할 수 있습니다. 하지만 안심하세요. 지구가 갑자기 자전을 멈출 가능성은 거의 없으니까요.

14 그림을 활용하자

 다음 내용을 노트에 정리해 봅시다.

위도와 경도는 지구상의 위치를 정확하게 표현하기 위해 사용되는 좌표 체계입니다. 적도는 지구의 자전축에서 직각으로 지구 중심을 지나는 평면이 지표와 만나는 선으로, 위도의 기준이 되는 0도 선입니다. 위도는 적도로부터 북쪽이나 남쪽으로 얼마나 떨어져 있는지를 나타내는 가로선으로, 북극과 남극이 각각 위도 90도에 해당합니다.

반면, 경도는 본초자오선을 기준으로 동쪽이나 서쪽으로 얼마나 떨어져 있는지를 나타내는 세로선으로, 본초자오선은 영국 그리니치 천문대를 지나는 경도 0도 선입니다. 경도는 동경과 서경으로 나뉘며, 지구를 동서로 360도로 나눕니다. 이러한 위도와 경도 체계를 통해, 우리는 지구상의 어떤 위치라도 정확한 좌표로 표현할 수 있습니다.

기적의 레슨

그림을 그리면 뭐가 좋아?

어떤 대상을 설명할 때 글과 그림은 서로 다른 방식으로 정보를 전달해. 글은 대상의 세부적인 특징과 기능을 자세히 설명할 수 있어서 깊이 있는 이해가 가능하지. 하지만 글만으로는 대상을 머릿속에서 시각화하기 어려울 수 있어 이해하는 데 시간이 걸릴 수 있어.

반면 그림으로 설명하면 대상의 구조나 형태를 한눈에 직관적으로 파악할 수 있어. 시각적인 정보가 즉시 전달되기 때문에 빠르게 이해할 수 있지만, 그림만으로는 대상의 세부적인 기능이나 역할을 충분히 설명하기 어려울 수 있지. 그래서 노트를 정리할 때 글과 그림을 함께 사용하면 가장 효과적이라는 거야.

기적의 꿀팁

그림을 그릴 때는 세부 사항에 너무 집착하지 말고, 핵심 정보나 개념을 강조하는 것이 좋아. 복잡한 그림은 오히려 혼란을 줄 수 있거든. 예를 들어 책은 네모 두 개로, 흐름은 화살표로 표현하는 식으로 단순화하는 것이 좋아.

그림과 글이 서로 잘 연결되도록 그려야 해. 그림과 설명하는 글이 따로 놀지 않도록, 각 그림에 간결한 설명을 덧붙이거나, 화살표나 선으로 자연스럽게 이어지게 하자.

 잘 그리려고 하지 말고 간단하게 그리기. 글과 잘 연결하기! 알았어!

개요 구조로 정리

<위도와 경도>
→ 지구상의 위치를 정확하게 표현하기 위한 좌표 체계

1. 위도 →가로선

  1) 기준

   (1) 적도=위도 0도

      → 자전축에서 직각으로 지구 중심을 지나는 평면이 지표와 만나는 선

   (2) 북극, 남극=위도 90도

  2) 표시방법

   : 적도로부터 북쪽이나 남쪽으로 얼마나 떨어져 있는가

2. 경도 →세로선

  1) 기준

   (1) 본초자오선=경도 0도

      → 영국 그리니치 천문대의 위치

   (2) 동경, 서경: 본초자오선을 기준으로 지구를 동서 360도로 나눔

그림으로 정리

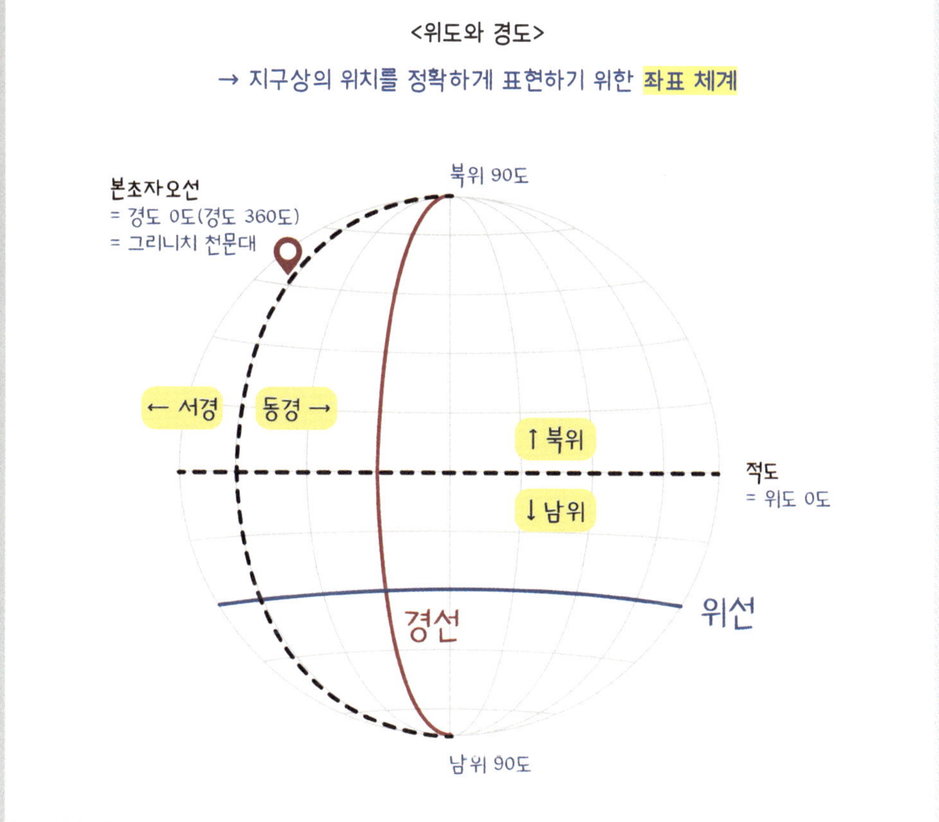

<위도와 경도>
→ 지구상의 위치를 정확하게 표현하기 위한 좌표 체계

본초자오선
= 경도 0도(경도 360도)
= 그리니치 천문대

← 서경 　 동경 →

↑ 북위
↓ 남위

북위 90도
적도 = 위도 0도
남위 90도

경선　위선

앞 장의 글을 개요 구조와 그림으로 정리해보았어.
어때, 차이점이 느껴지니?

다음 내용을 그림으로 정리해 노트에 작성해 봅시다.

꽃은 자연의 아름다움을 대표하는 생명체로, 그 구조는 식물학에서 중요한 연구 대상입니다. 꽃의 기본 구조는 꽃받침, 꽃잎, 암술, 그리고 수술로 이루어져 있으며, 각 부분은 식물의 번식에 필수적인 역할을 합니다.

꽃받침은 꽃의 가장 아래에 위치하며, 주로 초록색을 띠고 있는 부분으로, 꽃이 피기 전에 꽃잎과 생식 기관을 보호하는 역할을 합니다. 꽃잎은 꽃받침 위에 있으며, 다양한 색깔과 형태로 곤충이나 다른 동물들을 유인하여 수분을 돕습니다.

암술은 꽃의 중심에 위치하며, 암술머리, 암술대, 씨방으로 구성되어 있습니다. 암술머리는 꽃가루를 받아들이는 부분이며, 암술대는 암술머리와 씨방을 연결하는 역할을 합니다. 씨방 안에는 장차 씨앗이 될 밑씨가 들어 있습니다.

수술은 꽃가루를 만드는 꽃밥과 그것을 지지하는 수술대로 구성되어 있으며, 꽃가루는 바람이나 곤충을 통해 암술머리로 옮겨져 수분이 일어납니다. 이러한 과정을 통해 수정이 이루어지면, 씨방은 열매로 발달하고, 밑씨는 씨앗으로 성장합니다.

기적의 힌트

1. 그림으로 필기할 때는 핵심 개념을 모두 포함하고, 빠진 것이 없는지 꼼꼼히 확인하자.
2. 다 했거나 잘 모르겠다면 책 뒤에 있는 기적이의 노트를 참고해보자.

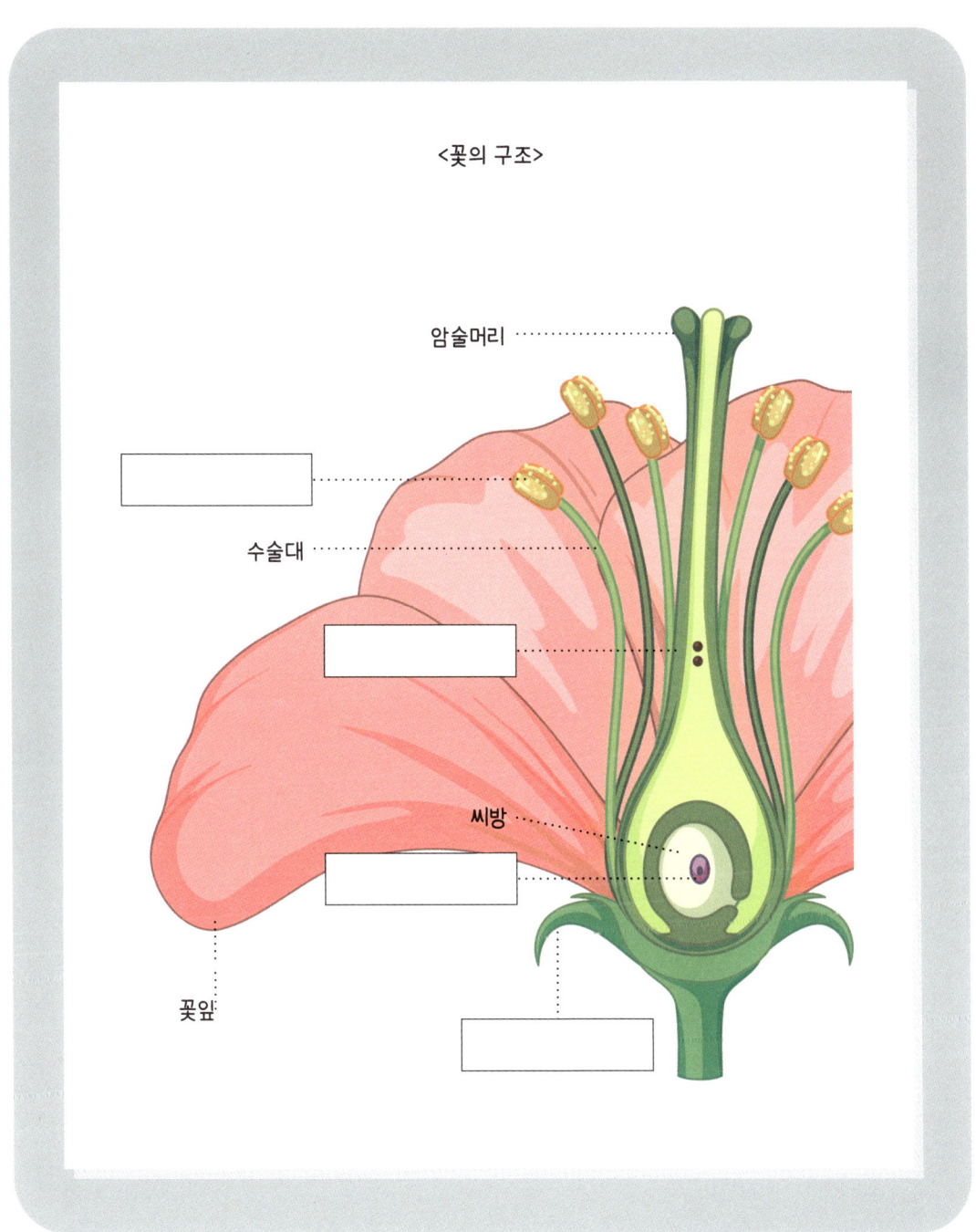

이번에는 힌트 없이 자신만의 힘으로 도전해봅시다. 다음의 내용을 읽고 옆장의 노트에 필기해 보세요.

태양계는 태양을 중심으로 공전하는 천체들로 이루어져 있으며, 이 중 행성이 가장 중요합니다. 태양에서 가장 가까운 행성은 수성(Mercury)으로, 표면 온도가 매우 높고 대기가 거의 없어 밤낮의 온도 차이가 큽니다. 그 다음은 금성(Venus)으로, 두꺼운 대기로 인해 극심한 온실 효과가 발생하여 표면 온도가 매우 높습니다.

세 번째는 지구(Earth)입니다. 지구는 생명체가 살기에 적합한 환경을 가지고 있습니다. 그 다음은 화성(Mars)으로, 과거에 물이 있었던 흔적이 있으며 탐사가 활발히 이루어지고 있습니다.

화성과 목성 사이에는 소행성대(Asteroid Belt)가 있습니다. 이 지역에는 많은 작은 천체들이 있으며, 가장 큰 소행성은 세레스(Ceres)입니다. 소행성대에 있는 소행성이 지구에 떨어질까 걱정이 될 수도 있지만, 목성의 강력한 중력이 소행성들을 지구 쪽으로 날아오는 것을 방지합니다.

그 다음으로는 목성(Jupiter)이 있습니다. 목성은 태양계에서 가장 큰 행성으로, 주로 가스로 이루어져 있으며 강력한 자기장을 가지고 있습니다. 그 다음은 토성(Saturn)이 있습니다. 토성은 얼음과 바위 조각들로 이루어진 아름다운 고리로 유명하며, 주로 수소와 헬륨으로 이루어진 가스 행성입니다.

마지막으로 천왕성(Uranus)과 해왕성(Neptune)은 차가운 얼음 행성들입니다. 천왕성은 독특하게도 자전축이 거의 옆으로 누워 있으며, 해왕성은 매우 강한 바람과 푸른 색의 대기를 가진 행성입니다. 두 행성 모두 태양에서 멀리 떨어져 있어 매우 낮은 온도와 두꺼운 대기를 가지고 있습니다.

15 포스트잇을 활용하자

 다음 내용을 노트에 정리해 봅시다.

시골쥐와 서울쥐의 이야기는 각기 다른 환경에서 살아가는 두 쥐가 서로의 삶을 체험해보는 이야기입니다. 시골쥐는 평화롭고 단순한 삶을 살며, 자연과 더불어 조화롭게 살았습니다. 서울쥐는 번화한 도시에서 긴장되지만 풍요로운 삶을 살았습니다. 사람들은 이 이야기를 통해 서울쥐처럼 물질적인 풍요를 누리는 것보다 시골쥐처럼 정신적인 만족을 누리는 것이 중요하다는 교훈을 얻습니다.

하지만 다시 한번 생각해봅시다. 이야기의 끝에서 서울쥐는 시골쥐와 함께 가지 않고 자신의 삶을 선택했습니다. 서울쥐는 시골쥐와 다른 삶을 추구했던 것입니다. 시골쥐는 소박한 삶에서 만족을 찾는 반면, 서울쥐는 끊임없이 변화하는 도시의 삶에서 새로운 자극과 기회를 추구했습니다. 두 쥐는 모두 자신들의 환경에 최선을 다해 적응했고, 자신의 삶에 만족했기 때문에 다른 쥐를 초대한 것이 아니었을까요?

따라서 저는 시골쥐와 서울쥐의 이야기에서 얻을 수 있는 교훈은 어떤 환경에서든 행복은 자신이 만족하는 것에서 비롯된다고 바꾸어 말하고 싶습니다.

✦ 기적의 레슨

포스트잇을 쓰면 뭐가 좋아?

쉽게 떼었다 붙일 수 있는 메모지, 포스트잇을 알지?
 포스트잇은 쉽게 이동할 수 있어 정보를 재배치하거나 추가할 때 매우 유용해. 포스트잇의 색상을 다르게 하거나 위치를 조정하여 주제별로 내용을 간편하게 정리할 수 있기 때문이지.
 갑자기 떠오른 아이디어나 추가 정보를 즉시 적어 붙일 수 있어, 생각을 놓치지 않고 쉽게 기록할 수 있다는 장점도 있어. 덕분에 중요한 아이디어를 놓치지 않고, 나중에 필요할 때 쉽게 참고할 수 있지.

 맞아, 시골쥐와 서울쥐 모두 자신의 삶이 행복했던거야!

 갑자기 든 생각인데, 행복하다는 건 무엇일까?

 뭐야, 뜬금없게...;;

 이렇게 추가로 조사해야 할 내용이 생기기도 하잖아?
흐흐..기필아, 포스트잇을 활용하는 연습을 해봐야지?

다음 내용을 노트에 정리해 봅시다.

<시골쥐와 서울쥐 이야기의 교훈>

1. 기존의 입장

　1) 서로 다른 삶

　　(1) 시골쥐: 평화롭고 단순한 삶, 자연과 더불어 조화로운 삶

　　(2) 서울쥐: 번화한 도시, 긴장되지만 풍요로운 삶

　2) 교훈

　　: 물질적인 풍요보다 정신적인 만족이 중요

2. 나의 생각

　1) 두 쥐의 같은 삶

　　: 자신들의 환경에 최선을 다해 적응

　2) 교훈

　　: 행복은 어떤 환경에서든 자신이 만족하는 것

내 인생의 행복은 엄마 몰래 아이스크림 두 개 먹는거야!

알겠니, 기적아?

 엣헴! 나는 이렇게 노트 정리를 해보았어.

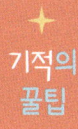 **기적의 꿀팁** 새로운 내용을 추가할 때, 관련 내용 주변에 포스트잇을 붙이면 더 쉽게 이해할 수 있어.

 포스트잇이 기존 필기 내용을 가릴 경우, 포스트잇을 살짝 접어두는 것도 좋은 방법이야. 필요한 때에 펼쳐서 추가 내용을 확인할 수 있기 때문이지.

 포스트잇을 노트 끝자락에 붙여 분류표처럼 사용하는 방법도 있어.

다음의 내용을 읽고 옆장의 노트에 필기해 보세요. 포스트잇을 사용해서 추가 정보도 적어보세요.

　무의식 마케팅은 소비자들이 자각하지 못하는 사이에 그들의 행동을 바꾸는 다양한 방법을 사용합니다. 첫째로, 매장에서 흘러 나오는 음악이 소비자들에게 큰 영향을 미친다는 점입니다. 예를 들어, 클래식 음악이 나오면 사람들은 제품이 더 고급스러워 보이고 비싼 걸 사려고 하게 됩니다. 반면, 빠른 음악이 나오면 쇼핑을 더 빨리 끝내고 더 많이 사는 경향이 있습니다.

　둘째, 색상도 무의식적으로 사람들의 감정에 영향을 줍니다. 빨간색과 노란색은 식욕을 자극해 패스트푸드 매장에서 자주 사용되며, 파란색은 신뢰를 주어 금융 기관에서 많이 쓰입니다. 이런 색상들은 소비자들이 제품을 어떻게 느끼는지에 큰 영향을 미칩니다.

　셋째, 제품 포장의 디자인과 무게도 중요합니다. 무거운 유리병에 담긴 제품은 더 고급스럽고 가치가 있어 보이게 됩니다. 소비자들은 포장의 질감과 무게에 따라 제품이 더 비쌀 것 같다고 느끼며, 그래서 더 높은 가격을 지불하려는 경향이 있습니다.

　마지막으로, 브랜드의 일관성도 무의식 마케팅에서 중요한 역할을 합니다. 브랜드의 로고, 색상, 슬로건 등이 항상 똑같이 유지되면 소비자들은 그 브랜드를 더 믿고 신뢰하게 됩니다. 이렇게 브랜드가 일관되면 소비자들이 계속 그 브랜드를 선택하고 충성도도 높아지게 됩니다.

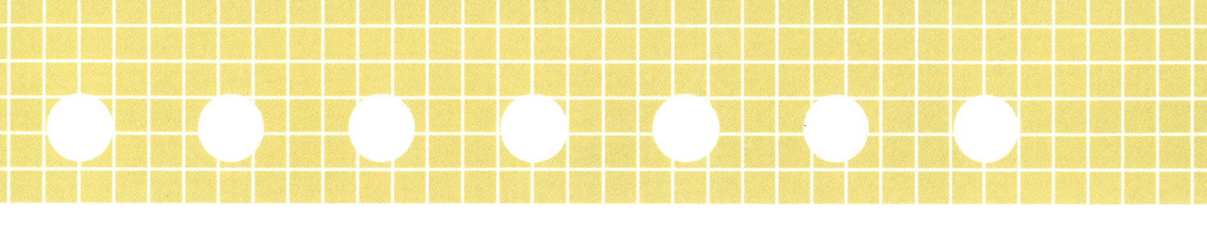

참고 자료
기적이의 노트 필기

노트 정리하는 게 좀 어려웠지?
내 필기를 참고하면 도움이 될 거야.
이걸 보고 다시 한번 시도해봐!

I. 내용 파악하기

16-17쪽

여러분은 과일하면 무엇이 먼저 떠오르나요? 저는 사과가 가장 먼저 떠오릅니다. 그만큼 사과는 대표적인 과일인데요. 사과에 대해 알아볼까요?

사과는 피부처럼 매끄러운 껍질을 가지고 있어요. 사과 껍질의 색깔은 초록색, 노란색, 빨간색 등 여러 가지가 있답니다. 어떤 사과는 색깔이 섞여 있거나 점이 있기도 해요.

사과의 안을 살펴보면, 부드럽고 즙이 많은 과육과 가운데에 씨앗이 들어 있는 딱딱한 부분이 있어요. 사과의 과육은 달콤하고 상큼한 맛이 나서, 먹으면 입안이 즐거워져요. 우리가 사과를 먹으면, 비타민 C와 같이 몸에 좋은 영양분을 얻을 수 있답니다.

18쪽

스마트폰의 다양한 기능 덕분에 우리는 많은 일을 할 수 있습니다. 전화와 문자 기능은 물론, 이메일을 확인하고, 인터넷을 검색하는 것까지 가능합니다. 우리는 스마트폰으로 음악을 듣고, 영화나 드라마를 시청하며, 게임을 즐기기도 합니다. 또한, 다양한 앱을 통해 은행 업무를 처리하거나, 쇼핑을 하고, 식당 예약을 하는 등 일상의 많은 부분을 관리할 수 있죠. GPS 기능을 이용해 길을 찾고, 날씨 정보를 얻으며, 건강 관리도 할 수 있습니다. 카메라 기능은 발전하여 고품질의 사진과 영상을 촬영할 수 있게 되었고, 소셜 미디어를 통해 친구들과 소통하며 추억을 공유할 수 있게 되었습니다. 현대 사회에서 스마트폰 없이는 생활하기 어려울 정도로, 스마트폰은 우리 삶에 깊숙이 자리 잡고 있습니다.

19쪽

물고기는 물 속에서 사는 동물입니다. 물고기의 신체 기관은 물 속 생활에 적합하게 발달되어 있습니다.

물고기의 온몸은 비늘로 덮여 있습니다. 비늘은 외부의 충격에서 물고기를 보호합니다. 뿐만 아니라 물의 저항을 줄여주어 물고기가 물 속에서 빨리 수영할 수 있도록 해줍니다.
　　지느러미는 몸을 움직일 때 사용합니다. 물고기는 등 지느러미, 가슴 지느러미, 꼬리 지느러미 등 다양한 종류의 지느러미를 움직여서 물 속에서 자유롭게 움직입니다.
　　아가미는 물고기 몸의 옆 면에 있습니다. 물고기는 아가미를 통해 물 속에서 호흡을 합니다. 자칫 아가미 덮개를 아가미로 잘못 알기 쉽습니다. 우리 눈에 보이는 부분은 아가미 덮개이며, 물고기가 산소를 흡수하고 나머지 물을 뱉을 때 보이는 붉은 부분이 아가미입니다.

23쪽

| 꽃 | 장미 | 튤립 | 해바라기 | 무궁화 |

| 교실 | 학교 | 책상 | 칠판 | 의자 |

| 수성 | 금성 | 태양계 | 목성 | 토성 |

| 세모 | 네모 | 도형 | 동그라미 | 별모양 |

| 매실차 | 우유 | 커피 | 음료 | 콜라 |

24-25쪽

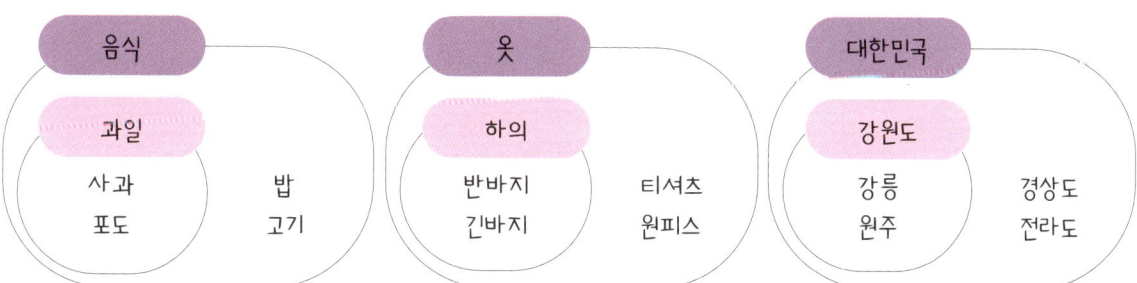

26-27쪽

1. 각 문단의 핵심 개념을 찾아서 아래에 적어봐.

   개구리, 두꺼비, 긴 다리, 물 속 빠른 이동, 짧은 다리, 땅에서 기어다님, 매끄럽고 촉촉한 피부, 울퉁불퉁하고 거친 피부, 땅에서 살기 적합한 피부, 피부에 독

2. 핵심 개념들을 큰 개념과 작은 개념에 맞게 아래 그림에 분류해 봐.

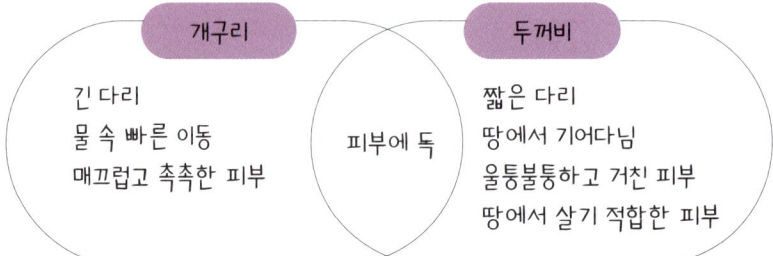

32-33쪽

1문단: '벌레'와 '곤충'은 비슷한 의미로 사용되지만 다른 개념입니다. 노래기, 쥐며느리, 지네는 벌레지만 곤충은 아닙니다. 어떤 기준으로 벌레와 곤충을 판단할까요?

2문단: 사람들은 보통 작고 척추가 없으며 꼼지락 거리는 동물들을 보면 '벌레'라고 부릅니다. 하지만 이것은 학문적으로 엄격히 분류하는 기준이 아닙니다. 따라서 사람에 따라 나비를 벌레에 포함시키기도 하고 아니기도 한 일이 벌어집니다.

3문단: 그러나 곤충을 판단하는 기준은 명확합니다. 일반적으로 곤충은 몸이 머리, 가슴, 배로 나뉘며, 세 개의 다리와 두 쌍의 날개, 한 쌍의 눈과 더듬이를 가지고 있습니다. 이 기준에 의해 나비는 세계 어느 나라를 가도 곤충으로 분류합니다.

34쪽

여러분은 강아지의 말을 알아듣고 싶은 적이 있나요? 강아지는 인간과는 달리 목소리와 행동을 함께 사용해서 말을 합니다. 이것을 카밍 시그널이라고 하는데요. 전문가에 따르면 강아지의 카밍 시그널은 약 30가지나 된다고

합니다.

 가장 대표적인 카밍 시그널은 꼬리 흔들기입니다. 집에 돌아왔을 때 강아지가 우리를 보고 꼬리를 흔든다면 반갑다는 뜻입니다. 만약 모르는 사람을 보면서 꼬리를 흔들고 짖는다면 경계하는 중입니다.

 강아지가 얼굴을 핥는 것은 배가 고프다는 뜻입니다. 방금 밥을 먹어서 배가 고프지 않은 상태인데 얼굴을 핥는다면 여러분을 사랑한다고 말하는 것입니다.

 카밍 시그널은 상황에 따라 다르게 해석할 수 있습니다. 인터넷에서 찾은 정보가 정확하지 않을 수도 있습니다. 그러므로 여러분의 강아지를 평소에 많이 살펴보세요. 여러분의 강아지가 하는 말을 잘 알아들을 수 있게 된답니다.

35쪽

 초콜렛은 많은 사람들에게 사랑받는 간식입니다. 초콜렛의 달콤하고 부드러운 맛이 사람들을 기분 좋게 해주기 때문입니다. 이 때문에 사람들은 초콜렛을 선물하며 사랑과 관심을 표현합니다.

 초콜렛의 역사는 상당히 오래되었습니다. 기원전 약 1800년경 메소아메리카의 올메카 사람들은 카카오 열매의 씨로 음료를 만들었습니다. 이 초콜렛 음료는 상당히 비싸고 귀한 음식이었습니다.

 초콜렛이 세상에 알려지게 된 것은 아스테카 왕국을 탐험하던 모험가 에르난 코르테스 덕분입니다. 1528년 코르테스는 자신의 나라 에스파냐에 카카오 음료를 들여왔습니다. 풍미 가득한 이 음료는 곧 유럽과 미국에 퍼졌습니다. 특히 유럽 사람들은 초콜렛 음료에 바닐라, 시나몬 등의 향료를 첨가하고, 설탕을 추가해서 달달하게 즐겼습니다.

 우리가 알고 있는 고체 형태의 초콜렛은 1800년대에 만들어졌습니다. 영국의 J.S. 프라이 앤 선즈라는 회사가 카카오 음료에 카카오 버터를 넣어 초콜렛을 굳히는 방법을 개발하는데 성공했기 때문입니다. 이 후 스위스에서 초콜렛 바를 입안에서 살살 녹게 만드는 방법을 개발해서 지금 우리가 아는 초콜렛이 되었습니다.

40-41쪽

> 로마 시대의 군인은 급료를 소금으로 받았습니다.

➡ 로마 시대 군인의 급료: 소금

> 모기약의 기능은 모기를 쫓아내는 것이 아니라 모기가 사람을 찾지 못하게 하는 것 입니다.

➡ 모기약 기능: 사람을 찾지 못하게 하는 것

> 라면 한 봉지에 들어있는 면발의 총 길이는 13층 아파트 높이와 맞먹습니다.

➡ 라면 한 봉지의 면발 총 길이: 약 13층 아파트 높이

42-43쪽

도깨비에 대한 궁금증
"마치 도깨비에 홀린 것 같다."라는 말을 들어보셨나요? 어찌 된 영문인지 몰라서 어리둥절 할 때 쓰는 표현인데요. 도깨비가 무엇이길래 이런 말까지 생겼을까요?

도깨비의 생김새
도깨비는 우리 나라 민담 속에 자주 등장하는 신기한 존재로 지역과 시대에 따라 다양한 모습으로 나타납니다. 대체적으로 도깨비는 덩치가 큰 성인 남자의 모습을 하고 있으며, 경우에 따라 털이 많거나 패랭이 모자를 쓴 모습으로 이야기되기도 합니다.

사람을 좋아하는 도깨비
도깨비는 사람을 좋아하며 친하게 지내고 싶어합니다. 도깨비가 사람을 만나면 '김서방'이라고 부르며 씨름 내기를 제안하거나 소원을 들어주기도 합니다. 솔직하고 단순해서 때때로 사람에게 속아 넘어가기도 합니다.

도깨비의 능력
도깨비는 엄청난 힘을 가지고 있으며, 신기한 능력을 가진 물건들을 가지고 다닙니다. 무엇이든 뚝딱 만들어내는 도깨비 방망이, 모습을 감추어주는 도깨비 감투, 코를 길게 만들거나 줄이는 빨간 부채와 파란 부채 등은 도깨비의 물건 중에서 가장 유명합니다. 도깨비는 큰 돌을 들어 강을 건너는 다리를 하룻밤 만에 만들어내기도 합니다. 이런 신기한 능력 때문에 이해할 수 없는 일이 있을 때 "마치 도깨비에 홀린 것 같다"라고 표현합니다.

44-45쪽

| 기후에 따라 다른 집 | 기후는 사람들의 생활에 큰 영향을 미칩니다. 특히 집은 기후의 영향이 더욱 뚜렷합니다. 집을 짓는 재료, 집의 구조는 기후에 따라 달라지며, 이는 전 세계의 집이 다르게 생긴 이유를 잘 설명해 줍니다. |

| 열대 기후 지역의 집 | 열대 기후 지역에서는 덥고 습한 날씨 때문에 바람이 잘 통하고 벌레가 들어오지 못하는 집을 짓습니다. 예를 들면 물 위에 집을 지은 베트남의 수상 가옥이나 집의 바닥이 땅보다 2~3미터 높은 인도네시아의 고상 가옥을 들 수 있습니다. |

| 냉대 기후 지역의 집 | 반면 냉대 기후 지역에서는 춥고 긴 겨울에 따뜻하게 지낼 수 있는 집을 짓습니다. 이렇게 추운 곳에서는 소나무와 같은 침엽수가 많이 자라는데, 이 나무를 사용해서 집을 지으면 습할 때는 습기를 머금고 건조할 때는 습기를 내뿜어서 쾌적하게 지낼 수 있습니다. |

| 사계절 뚜렷한 기후의 집 | 우리 나라처럼 사계절이 뚜렷한 곳에서는 여름에는 시원하고 겨울에는 따뜻하게 지낼 수 있는 집을 짓습니다. 한옥의 대청마루는 바람이 잘 통하고, 온돌은 실내를 따뜻하게 합니다. |

| 자연과 문화를 반영한 건축의 지혜 | 이렇게 날씨에 맞게 집을 짓는 것은 그 지역의 자연과 문화를 반영한 건축의 지혜입니다. 이런 지혜는 오랜 시간 동안 전해져 내려오며, 우리가 살고 있는 다양한 집들의 모습을 만들어냈습니다. |

II. 노트 정리의 기본

58-59쪽

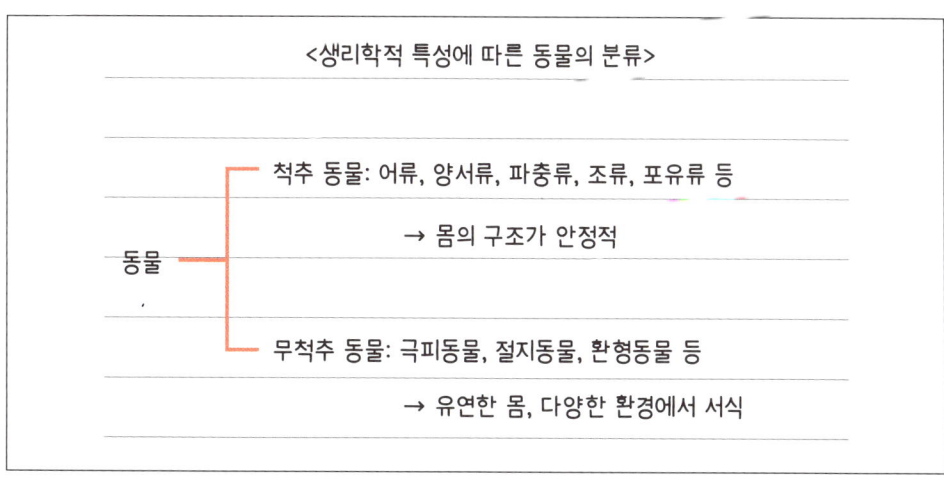

<생리학적 특성에 따른 동물의 분류>

동물
- 척추 동물: 어류, 양서류, 파충류, 조류, 포유류 등
  → 몸의 구조가 안정적
- 무척추 동물: 극피동물, 절지동물, 환형동물 등
  → 유연한 몸, 다양한 환경에서 서식

64-65쪽

　　　　1. 생물
　　　　　1) 식물
　　　　　　(1) 나무
　　　　　　　① 소나무
　　　　　　　② 참나무
　　　　　　　③ 단풍나무

　　　　　2) 동물
　　　　　　(1) 개
　　　　　　　① 우리집 뽀삐
　　　　　　　② 옆집 애니
　　　　　　　③ 뒷집 순이

66-67쪽

　　1. 소설의 정의: 작가의 상상력이나 실제 사건을 바탕으로 만든 이야기

　　2. 소설의 분류
　　　1) 길이: 단편, 중편, 장편 소설
　　　2) 내용: 고학 소설, 역사 소설, 추리 소설 등

74-75쪽

<삼국시대 정리>

1. 고구려

    1) 특징: 강력한 군사력, 넓은 영토

    2) 전성기: 광개토대왕, 장수왕

2. 백제

    1) 특징: 예술 발달, 일본과 교류

    2) 전성기: 근초고왕

3. 신라

    1) 특징: 화랑도, 불교 예술

    2) 전성기: 진흥왕

76-77쪽

이솝 이야기란 { 늑대가 나타났다는 거짓말을 계속 해서 정말 늑대가 나타났을 때 마을 사람들의 도움을 받지 못한 양치기 소년, 자신이 당연히 이길 것이라고 믿고 낮잠을 자는 바람에 거북이에게 달리기 시합에서 진 토끼. 이솝 이야기는 다양한 교훈과 지혜를 담은 고대 그리스의 이야기입니다.

이솝 이야기는 몇 가지 유형으로 나눌 수 있습니다. 첫째, 지혜와 기지를 통해 어려움을 극복하는 이야기입니다. 나뭇가지 하나

지혜와 기지로 어려움을 극복 는 쉽게 부러뜨릴 수 있지만 나뭇가지 한 묶음은 부러뜨리기 어렵다는 것을 통해 세 아들들이 똘똘 뭉쳐 살게끔 한 아버지의 이야기처럼 말입니다.

어리석은 행동 비판, 교훈 둘째, 어리석은 행동을 비판하며 교훈을 주는 이야기입니다. 솜뭉치를 지고 가다가 꾀를 내어 물에 빠지는 바람에 더 무거워진 솜을 옮겨야 했던 당나귀의 이야기와 같은 이야기들이지요.

잘못을 풍자 셋째, 웃음으로 사람들의 잘못을 풍자하는 이야기도 있습니다. 평소 덩치를 믿고 으스대던 올리브 나무가 세찬 바람에 꺾이고, 볼품없는 갈대는 살아남은 이야기처럼 말이지요.

변형되어도 교훈 지속 이러한 이야기들은 오랜 세월 동안 사람들에게 전해져 내려오며 각기 다른 문화와 시대에 맞게 변형되어 왔습니다. 하지만 이야기 속에 값진 교훈은 계속 유지되어 내려오고 있답니다.

<이솝 이야기>

1. 이솝 이야기란

  : 다양한 교훈과 지혜를 담은 고대 그리스의 이야기

2. 이야기의 유형

  : 이야기는 변형되어도 교훈은 지속

   1) 지혜와 기지로 어려움 극복: 예) 나뭇가지 한 묶음과 세 아들들

   2) 어리석은 행동 비판, 교훈: 예) 당나귀와 솜뭉치

   3) 잘못을 풍자: 예) 올리브 나무와 갈대

<뇌의 좌우 구분의 진실과 오해>

1. 좌뇌와 우뇌의 역할에 대한 전통적 믿음
   - 좌뇌: 언어 이해, 논리적 사고
   - 우뇌: 창의적 활동, 감정 표현

2. 최근 뇌과학 연구 결과
   - 뇌 양쪽의 긴밀한 연결
   - 복잡한 작업 시 전체 뇌의 협력
     예) 언어 이해와 응답에 좌뇌와 우뇌 모두 필요

3. 결론
   - '좌뇌형'과 '우뇌형' 개념은 잘못된 분류임
   - 개인의 능력과 특성은 뇌의 상호작용과 개인의 경험, 환경에 의해 형성

III. 효과적인 정리 방법

86-87쪽

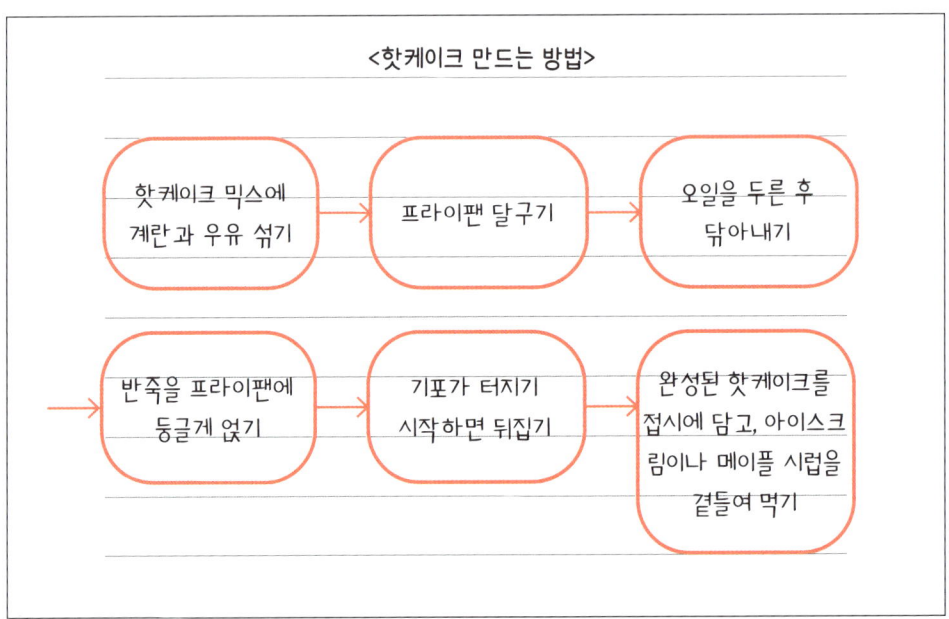

88-89쪽

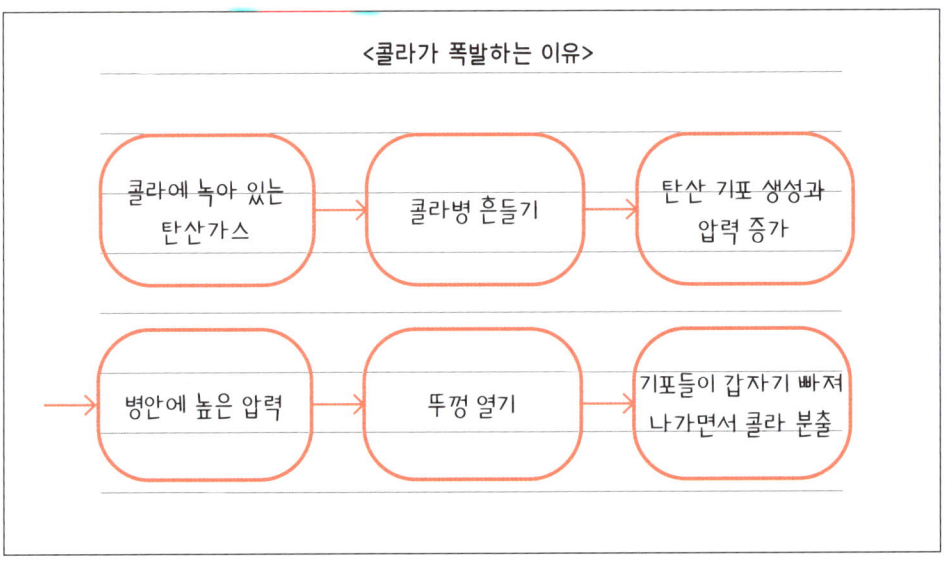

<콩쥐와 신데렐라 비교>

1. 비슷한 점

   콩쥐와 신데렐라 모두 신발을 잃어버렸다가 되찾아 결혼하게 되었다

2. 차이점

	콩쥐	신데렐라
이야기 배경	우리나라	유럽
도우미	동물과 선녀	요정 할머니
결혼 상대	사또	왕자

콩쥐
- 우리나라 배경
- 동물과 선녀의 도움
- 사또와 결혼

잃어버린 신발 덕분에 결혼

신데렐라
- 유럽 배경
- 요정 할머니의 도움
- 왕자와 결혼

102-103쪽

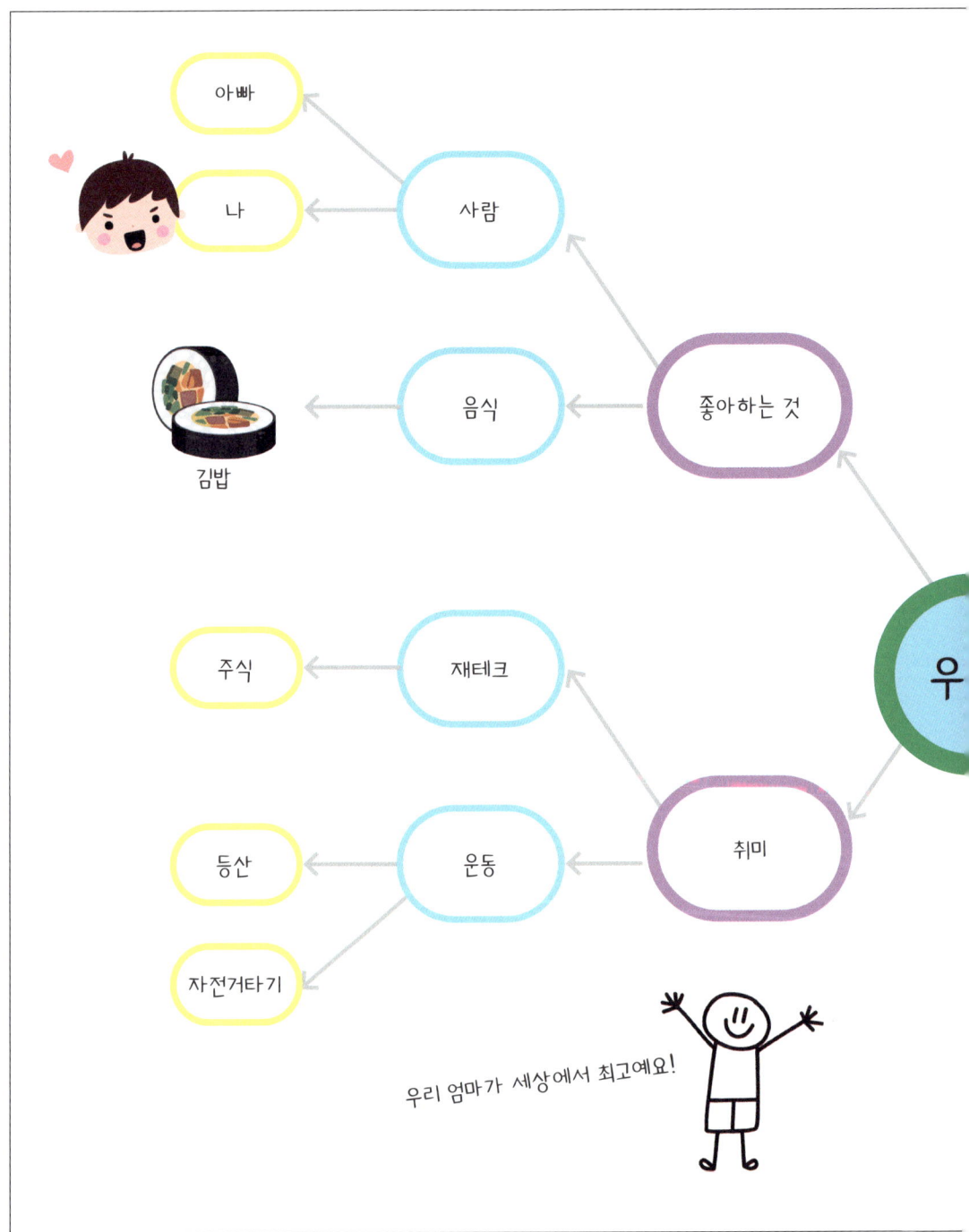

104-105쪽

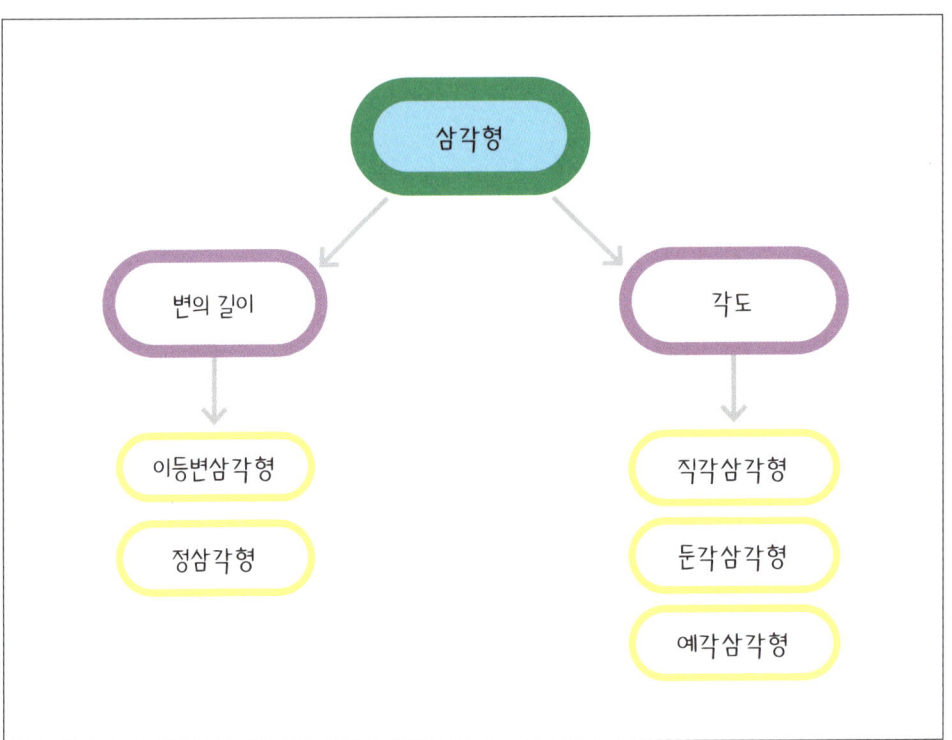

IV. 레벨업 꿀팁

112-113쪽

<엄마의 잔소리를 피하는 방법>

1. 문제 이해하기

  1) 잔소리의 원인

    - 관심과 걱정에서 비롯됨

    - 규칙이나 기대에 부응하지 않을 때 발생

  2) 자신의 행동 점검

- 잔소리를 유발하는 행동이나 습관 확인

2. **효과적인 대응 전략**

  1) 조언 요청

   - 문제 해결을 위한 구체적인 조언 요청

  2) 합의 도출

   - 상호 이해와 협상을 통해 합의점 찾기

   - 문제 해결 후 계속해서 개선 노력

114-115쪽

<지구가 자전을 멈춘다면>

1. **자전**이란

 : 지구는 자전축을 중심으로 하루에 한 번씩 서쪽에서 동쪽으로 회전

2. 자전이 **멈출 경우**

  1) 물리적 영향

   : 아파트, 자동차, 강물 등 모든 것이 동쪽으로 빠르게 날아감

   예) 갑자기 멈춘 자동차에서 몸이 앞으로 쏠리는 현상과 비슷

  2) 밤과 낮의 변화

   : 공전으로 인해 6개월에 한 번씩 밤과 낮이 교체됨

   : 6개월 동안 낮인 지역은 뜨겁게 달궈지고, 밤인 지역은 매우 추워짐

   : 두 지역 모두 생명체가 살기 어려운 환경

3) 해수면 변화

: 적도 부근 바닷물이 극지방으로 이동 (적도 가뭄)

: 일부 지역은 해일과 물에 잠김

4) 기타 변화

: 대기 움직임 변화

: 지구 자기장 약화 가능성

4. 결론

: 지구가 자전을 멈출 가능성은 거의 없으니 걱정할 필요 없음

120-121쪽

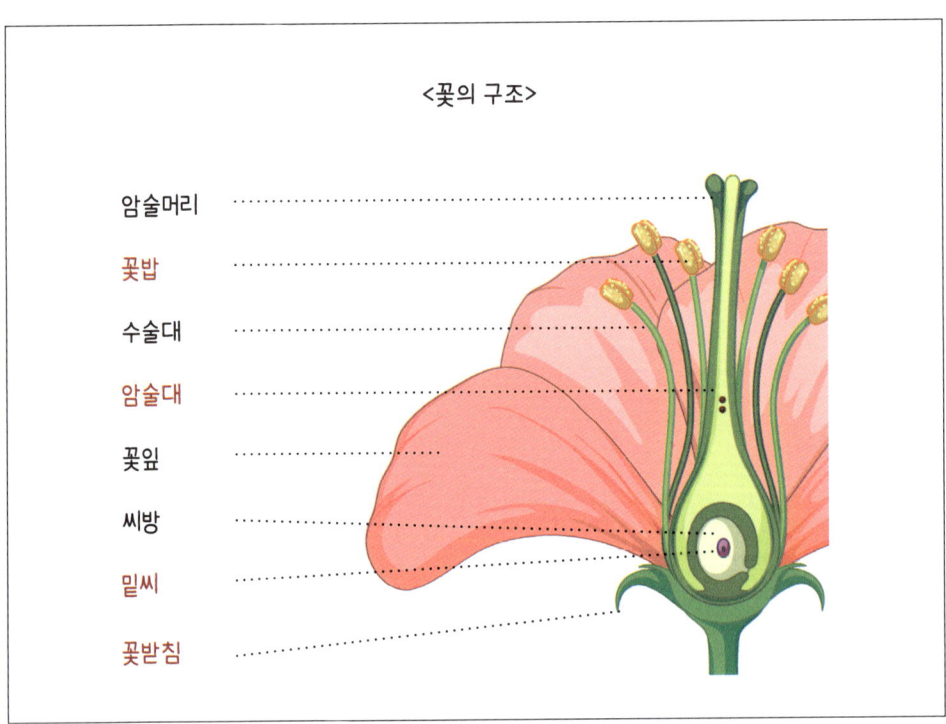

<꽃의 구조>

- 암술머리
- 꽃밥
- 수술대
- 암술대
- 꽃잎
- 씨방
- 밑씨
- 꽃받침

<태양계>

1. 수성(Mercury)
   - 높은 표면 온도
   - 대기 없음→밤낮의 온도차 큼

2. 금성(Venus)
   - 두꺼운 대기→온실 효과→높은 표면 온도

3. 지구(Earth)
   - 생명체 살기 적합

4. 화성(Mars)
   - 과거 물이 있던 흔적
   - 활발한 탐사

5. 소행성대(Asteroid Belt)
   - 세레스(Ceres): 가장 큰 소행성
   - 목성의 중력이 소행성이 지구에 떨어지지 않게 막아줌

6. 목성(Jupiter)
   - 태양계에서 가장 큰 행성
   - 주로 가스로 이루어짐
   - 강력한 자기장

7. 토성(Saturn)
   - 얼음과 바위 조각들로 이루어진 아름다운 고리로 유명
   - 수소와 헬륨으로 이루어진 가스 행성

8. 천왕성(Uranus)
   - 얼음 행성: 낮은 ㅍ면 온도
   - 옆으로 누워있는 자전축
   - 두꺼운 대기

9. 해왕성(Neptune)
   - 푸른 얼음 행성: 낮은 표면 온도
   - 매우 강한 바람
   - 두꺼운 대기

<무의식 마케팅>

1. 음악
: 가게에서 나오는 음악이 손님 행동에 영향을 줌

1) 클래식 음악: 물건이 더 고급스러워보이고 손님이 비싼 것을 사려고 함

2) 빠른 음악: 손님이 더 빨리 쇼핑하고 많이 사게 만듦

2. 색상

1) 빨간색, 노란색: 배고픔을 느끼게 해서 패스트푸드점에서 많이 사용

2) 파란색: 믿음이 가게 만들어서 은행 같은 곳에서 많이 사용

3. 포장 디자인과 무게

1) 무거운 포장(예: 유리병)은 물건이 더 비싸 보이게 함

→ 포장이 고급스럽고 무거우면 손님이 더 많은 돈을

4. 브랜드의 일관성

1) 브랜드의 로고, 색깔, 문구가 항상 같으면 신뢰가 생김

2) 브랜드가 일관되면 손님이 그 브랜드를 계속 선택

무의식: 인식하지 못하지만 우리의 생각과 행동에 영향을 미치는 마음의 부분

고급 레스토랑에서 무거운 그릇을 쓰는 것도 같은 원리

이미지 출처

이 책에 사용한 사진, 그림, 그리고 디자인 소스의 출처는 아래와 같습니다.
목록은 가, 나, 다 순서와 a, b, c 순서로 정리하였습니다.

사려니숲길ⓒ한국관광공사 포토코리아-라이브스튜디오
성산일출봉ⓒ한국관광공사 포토코리아-라이브스튜디오
쇠소깍ⓒ한국관광공사 포토코리아-김지호
애월해안도로ⓒ한국관광공사 포토코리아-라이브스튜디오
이호테우해변ⓒ한국관광공사 포토코리아-김지호
제주민속촌ⓒ한국관광공사 포토코리아-김지호
함덕 서우봉해변ⓒ한국관광공사 포토코리아-김지호

ⓒFreepik
ⓒFreepik-BayuGondrong
ⓒFreepik-brgfx
ⓒFreepik-catalystsuff
ⓒFreepik-ibrandify
ⓒFreepik-juicy_fish
ⓒFreepik-macrovector
ⓒFreepik-photoroyalty
ⓒFreepik-rawpixel
ⓒFreepik-starline
ⓒFreepik-studiogstock

상위 1%의 공부 비법
초등학생을 위한 노트 필기 자습서

초판 1쇄 발행   2024년 11월 22일

지은이   정훈실, 정상은
감 수   정서윤
펴낸이   정훈실 ㅣ 펴낸곳   책다락
인 쇄   테크디앤피

출판등록   제2024-000146호
이메일   darak.chaek@gmail.com
인스타그램 @chaekdarak

ISBN   979-11-989505-0-5

ⓒ 정훈실, 2024

- 책 가격은 뒤표지에 있습니다.
- 잘못 만들어진 책은 바꾸어드립니다.